ERNEST JOVY

LES ARCHIVES
DU CARDINAL
ALDERANO CYBO
A MASSA

PARIS
LIBRAIRIE HENRI LECLERC
219, RUE SAINT-HONORÉ
et 16, rue d'Alger

1919

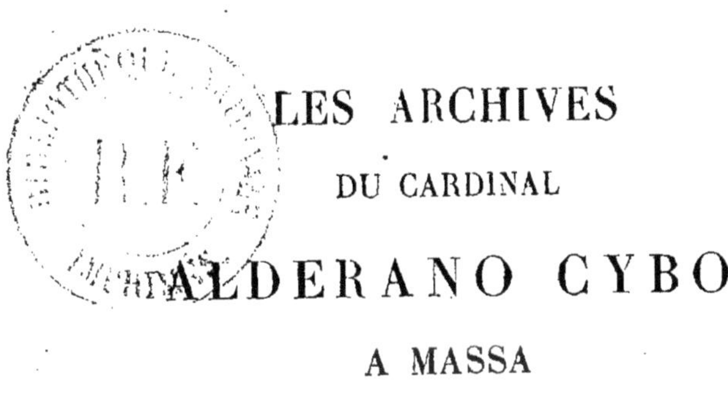

LES ARCHIVES

DU CARDINAL

ALDERANO CYBO

A MASSA

Extrait

du

Bulletin du Bibliophile

tiré a 60 exemplaires

ERNEST JOVY

LES ARCHIVES
DU CARDINAL
ALDERANO CYBO
A MASSA

PARIS
LIBRAIRIE HENRI LECLERC
219 RUE SAINT-HONORÉ
et 16 rue d'Alger

1918

LES ARCHIVES

DU

CARDINAL ALDERANO CYBO

A MASSA

> Prends patience ; Massa n'est pas loin et je te rapporterai un bon cadeau.
>
> A. de Musset,
> *Lorenzaccio*, acte I, sc. III.

Pendant mes vacances de Pâques, en 1912, je suis allé faire un séjour dans une charmante petite ville italienne, Massa, qui est le chef-lieu de la province de Massa-Carrara. Cette pittoresque cité est au pied des massifs « marmifères » des Alpes Apuanes, où la blancheur des marbres remplace la blancheur des neiges, et tout près de la Méditerranée sur laquelle elle a un port, une *marina*, d'où l'on expédie des marbres (1) presque absolument semblables à ceux de Carrare (2).

(1) « Massa, plus favorisée que Carrara par la douceur du climat, a des marbres moins beaux, mais d'autant plus employés pour les travaux courants de l'industrie ; on les exploite depuis 1836 » (Elisée Reclus, *Nouvelle géographie universelle*, Paris, Hachette, 1876, p. 429).

(2) Il y a 26 118 hab. à Massa. Pour distinguer cette ville d'autres localités italiennes qui portent ce même nom, on lui donne le nom de *Massa di Lunigiana*, et, le plus souvent, de *Massa-Carrara, Massa di Carrara*.

On pourra consulter sur Massa et son histoire, Valéry, *Voyages historiques et littéraires en Italie pendant les années 1826, 1827 et 1828*, Paris, Vve Lenormant, 1833, t. V, p. 33 ; — Edoardo Rocca, *Massa di Lunigiana nella prima meta del secolo XVIII*,

Cette ville, appartint, depuis le commencement du XIIIe siècle, à la puissante et glorieuse famille des Malaspina, puis des Cybo-Malaspina (1), qui était alliée aux Spinola, aux La Rovère, aux Gonzague, aux Médicis, et donna un pape à l'Église, Innocent VIII. Sur les hauteurs qui dominent Massa, on voit encore l'imposant château fortifié des premiers seigneurs

ricordi inediti, con note illustrative di G. Sforza, Modena, Vincenzi, 1906; — G. Sforza, *Cronache di Massa di Lunigiana*, edite ed illustrate, Lucca, Rocchi, 1882; — G. Sforza, *Cronichetta massese del secolo XVI*, ora per la prima volta stampata in *Giornale storico e letterario della Liguria*, vol. III; — Jos. Cappelletti, *Le Chiese d'Italia dalla loro origine sino ai nostri giorni*, Venezia, 1844-1871, t. XV, p. 411-424; — Gams, *Series episcoporum*, p. 759.

(1) Sur les familles Cybo et Cybo-Malaspina, cf. Margaritoni, *Anfiteatro d'eroi Cibo*, Massa, G. Marini, 1678; — Viani, *Memorie della famiglia Cibo e delle monete di Massa di Lunigiana*, Pisa, Prosperi, 1808; — Promis Vincenzo, *Sigilli italiani inediti*, dans les *Miscellanea di Storia italiana*, Torino, Bocca, 1876, t. XV, p. 112 et suiv.; — Francesco Maria Vialardo, *Istoria delle vite de sommi pontifici Innocenzo VIII, Bonifazio IX e del Cardinale I. Cibo*, Venezia, 1613, in-fol.; — Francesco Serdonati, *Vita e fatti d'Innocenzo VIII, papa CCXVI°*, Milano, 1829, in-8; — G. Sforza, *Il principe Eugenio Francesco di Savoia, Conte di Soissons, e il suo fidanzamento con Maria Teresa Cibo, duchessa di Massa*, dans les *Miscellanea di Storia italiana*, Torino, Bocca, t. XLIV, 1904; — J.-G. J., *En Lunisiane, Carrare et ses environs*, Lausanne, Georges Bridel, p. 74-92; — Moreri, *Le grand dictionnaire historique*, édition Goujet-Drouet, Paris, 1759, t. III, p. 683 et suiv.; édition de Paris, Coignard, 1699, t. II, p. 190; — L. Stafetti, *Il cardinale Innocenzo Cybo, contributo alla storia della politica e dei costumi italiani nella prima meta del secolo XVI*, Florence, 1894; — Louis Pastor, *Histoire des Papes*, Paris, Plon, 1911, t. V, p. 235.

On trouve dans les textes italiens les deux orthographes *Cybo* et *Cibo*. Pourtant la graphie *Cybo* est plus conforme aux traditions de cette famille qui se donnait comme originaire de la Grèce d'Asie. *Cybo* viendrait de κύβος, « dé à jouer ». Des dés à jouer figurent précisément dans les armes des Cybo. C'est cette orthographe que l'on trouve dans les inscriptions de Massa, par exemple à la *Porta Martana*.

de Massa qui étaient en même temps seigneurs de Carrara. Quand Charles VIII, en 1494, descendit en Italie, en se flattant de faire la conquête du royaume de Naples, il accepta l'hospitalité d'Albéric II Malaspina dans ce château et, de sa propre main, arma chevalier le seigneur de Massa avec tout le cérémonial en usage à cette fastueuse époque. Le retour fut tout différent. Le roi de France était menacé par la ligue qui se formait contre lui à l'instigation de Ludovic le More qui l'avait encouragé dans cette folle entreprise. Il trouva aux environs de Massa les passages interceptés : ses troupes durent, pour assurer leur passage et leur retraite, incendier un pont sur le Frigido, qui arrose Massa,. et la bourgade de Mirteto. Harcelé par les circonstances, il ne fit sans doute que passer au pied du château.

Dans l'intérieur même de la ville, sur la place principale que l'on appelait jadis la place *degli Aranci* (1), — la place des Orangers, — s'élève un fort beau palais construit par les Cybo-Malaspina (2). C'est l'ancien palais ducal, maintenant le « palais provincial » où siège la préfecture de la province de Massa-Carrara.

Là se trouvent, tout en haut du palais, les « archives royales d'État », — le *Reale Archivio del Stato*, — fort bien aménagées et ordonnées, et des fenêtres desquelles, si l'on se détache un instant des documents, on peut apercevoir la mer qui s'étend à l'infini, parsemée de voiles blanches qui tremblent sur les flots, et traversée parfois de navires de guerre qui sortent de la Spezia, ou s'y rendent. C'est sur les bords de cette mer qu'Alfieri, en attendant la felouque de Lerici, lisait le

(1) Le nom officiel est aujourd'hui *piazza Umberto I*.

(2) La famille Cybo-Malaspina s'est fondue dans la maison impériale d'Autriche à la fin du XVIIIe siècle.

Tite-Live d'un prêtre, frère du maître de poste de Sarzane, et y rencontrait l'inspiration de sa tragédie de *Virginie* (1). C'est sur cette mer que se dispersèrent les 'fumées du bûcher de Shelley, sous les yeux de Byron (2).

Nous étions parti à Massa dans l'espérance et la pensée que nous rencontrerions des documents français aux archives municipales de Massa. Il n'en était rien ; mais M. l'avocat Betti, le très distingué Syndic (3) de Massa, nous suggéra fort aimablement l'idée que les documents que nous cherchions, se trouvaient plutôt aux archives d'État où, grâce, à sa très chaleureuse recommandation, nous fûmes accueilli de la plus gracieuse façon par M. Alceste Giorgetti, directeur de ces archives, le très docte auteur d'une étude sur *Dante et la critique allemande,* et par MM. les archivistes Umberto Giampaoli (4) et Ferdinando Frediani qui ont été pour nous d'une extrême et parfaite serviabilité.

Si nous n'avions rien trouvé au « municipe », la

(1) Alfieri, *Mémoires,* Paris, Didot, 1862, p. 180-181.

(2) Cf. sur ces pays et les aspects du littoral, Schuré, *Précurseurs et révoltés,* Paris, Perrin, 1904, p. 54 et suiv., à propos de la mort de Shelley; Princesse Wolkonski, *Sur les routes d'Italie,* Paris, Hachette, 1913, p. 12 et suiv.; *Dionea,* dans *Au pays de Vénus,* par Vernon Lee [trad. de Robert de Cerizy], Paris, Dentu, s. d., p. 1 et suiv.; *Among the marble mountains,* dans Vernon Lee, *Genius Loci,* Leipzig, Tauchnitz, 1906, p. 43; Henry James, *Portraits of places.* Leipzig, Tauchnitz, 1884, p. 60; J. G. J., *En Lunisiane, Carrare et ses environs,* Lausanne, Bridel, s. d.

(3) On sait qu'en Italie, le « syndic » (*sindaco*) correspond au *maire* français.

(4) M. Umberto Giampaoli a publié une excellente monographie sur l'ancien palais ducal, la préfecture actuelle, où sont les Archives, sous ce titre : *Il palazzo ex ducale di Massa,* Massa, Stab. Tipografico E. Medici, 1911.

préfecture devait, en effet, nous fournir ces documents français. Il y avait là dans une série de 95 registres, en excellent état et avec une numérotation distincte, les papiers du cardinal Alderano Cybo, — l'*Archivio del Cardinale Cybo*. C'était la collection que nous désirions atteindre. Nous en savions l'existence, sans en connaître l'emplacement précis.

Alderano Cybo était le fils de Charles Cybo-Malaspina, prince de Massa et marquis de Carrare, le frère d'Albéric, qui fut le premier duc de Massa et le premier prince de Carrare. Il était né en 1613. Il fut majordome du sacré palais apostolique, puis nommé cardinal par le pape Innocent X en 1645. Il fut tout d'abord pourvu de l'évêché de Jési (1), puis des évêchés suburbicaires de Préneste (2), de Tusculum (3), de Porto (4) et d'Ostie (5). Il administra les légations d'Urbin, de la Romagne et de Ferrare. Il assista aux élections des papes Alexandre VII, Clément IX, Clément X (6), Innocent XI, Alexandre VIII et Innocent XII.

Il exerça surtout un rôle actif, prépondérant, en qualité de secrétaire d'État, pendant le pontificat d'Innocent XI, de 1676 à 1689.

Il avait été appelé à ce poste à cause de l'influence de sa maison à Rome et en Italie, à cause de sa bonté naturelle et de ses qualités aimables qui lui faisaient pardonner une certaine propension à la brusquerie et

(1) Gams, *Series episcoporum Ecclesiae catholicae*, Ratisbonne, Manz, 1873, p. 700.
(2) Gams, *eod. libr.*, p. XVI.
(3) Gams, *eod. libr.*, p. XIX.
(4) Gams, *eod. libr.*, p. VIII.
(5) Gams, *eod. libr.*, p. IV.
(6) Le Baron de Bildt, *Christine de Suède et le Conclave de Clément X*, Paris, Plon, 1906, p. 41-42 et *passim*.

aux emportements, à cause de sa grande réputation de travailleur, et aussi parce qu'il était soutenu par le parti et les agents de la France dont il avait accepté, dès 1671, une pension secrète, d'abord de 12000 livres, plus tard de 18000 livres (1). La cour de Versailles aurait vivement désiré le voir succéder à Clément X : « Je ne sais, écrivait Pomponne au cardinal d'Estrées, si l'état de santé du pape peut donner lieu à la pensée d'un successeur ; mais selon l'avis de Votre Éminence, et pour le Saint-Siège et pour nous, le choix ne pourrait mieux tomber que sur M. le cardinal Cybo (2) ». Le cardinal ne ceignit pas la tiare, mais il devint secrétaire d'État.

Les ennemis du cardinal lui attribuaient, paraît-il, cette maxime : *Chi non sà fingere, non sà vivere* ; cependant lorsqu'il fut appelé à la secrétairerie d'État, il passait pour « un des plus habiles et des plus pieux du Sacré Collège (3) ».

« On dit beaucoup de bien, écrivait Quesnel, le 12 octobre 1676, du nouveau pape et du cardinal Cibo. » Peu après, pourtant, en 1679, il se plaint à Arnauld que le cardinal ait, dans une lettre à Forbin-Janson, « mis en apostille une petite exhortation à travailler insensiblement pour ôter du diocèse de Beauvais les nouveautés qui peuvent s'y être introduites (4) ». Mais Innocent XI ne se reposa guère sur son ministre que pour

(1) Cf. Gérin, *Louis XIV et le Saint-Siège*, Paris, Lecoffre, 1894, t. II, p. 468 ; *Recueil des instructions données aux ambassadeurs*, *Rome*, par G. Hanotaux, Paris, 1888, t. I, p. 256 et 257.

(2) Pomponne au cardinal d'Estrées, 26 avril 1675, Affaires étrangères, *Rome*, 238, cité par Gérin, *Louis XIV et le Saint-Siège*, Paris, Victor Lecoffre, 1894, t. II, p. 590, note 3.

(3) *Œuvres d'Arnauld*, t. I, p. 766 et t. V, p. LV.

(4) *Correspondance de Pasquier Quesnel*, publiée par Mme Al-

le gouvernement des États romains, et il porta à peu près seul le poids des affaires extérieures (1).

Au moment où éclata l'affaire de Molinos, le cardinal Cybo adressa, au nom de l'Inquisition, à tous les princes, évêques et supérieurs de la Catholicité une lettre circulaire qui exposait les erreurs et les dangereuses conséquences de la nouvelle doctrine et leur demandait de dissoudre tous les conventicules molinosistes qui pourraient exister dans leurs États et leurs diocèses, d'interdire la création de nouvelles conférences, et de veiller surtout à ce qu'aucun individu soupçonné de professer ces nouveautés ne se glissât comme confesseur dans un couvent de femmes. En même temps le cardinal ajoutait à sa lettre dix-neuf propositions qui résumaient les erreurs auxquelles les autorités pouvaient reconnaître l'existence du quiétisme (2).

Il mourut doyen du Sacré Collège le 21 juillet 1700, à l'âge de 88 ans. Sa santé était depuis longtemps très débile, et c'est pour cette raison qu'il ne put, avec les autres cardinaux, participer à l'examen des *Maximes des Saints* de Fénelon (3) pour lequel il semblait désigné à cause de la part qu'il avait prise à la condamnation de Molinos.

Si appliqué que fut, pendant son secrétariat d'État,

bert Le Roy, Paris, Perrin, 1900, t. I, p. 9 et 19, lettres de Paris, 12 octobre 1676, et à Arnauld, du 5 décembre 1679.

(1) La suscription d'une lettre italienne que nous avons rencontrée parmi les lettres adressées au Cardinal, indique assez bien ses fonctions : *il... Cardinale Cybo, sopraintendente dello Stato Ecclesiastico e Secretario di Stato, Roma.*

(2) On trouvera cette lettre dans les *Œuvres complètes de Bossuet,* édition Lachat, Paris, Vivès, 1866, t. XVIII, p. 676-677.

(3) Cf. Algar Griveau, *Étude sur la condamnation du livre des Maximes des Saints,* Paris, Poussielgue, t. I, p. 400, et t. II, p. 130.

Alderano Cybo à l'administration des biens temporels du Saint-Siège, si éloigné que le pape ait pu le tenir de la politique étrangère, il n'en était pas moins un personnage considérable et de premier plan par les mains de qui passaient beaucoup d'affaires (1) et auquel les Français, sachant qu'il était plutôt favorable à la France, devaient s'adresser volontiers. Il était *a priori* évident que ses archives, les archives d'un secrétaire d'État d'Innocent XI, c'est-à-dire d'un pape qui avait eu tant d'affaires et autant de difficultés avec la France, à propos, par exemple, de la régale, de la déclaration du clergé de France de 1682, des franchises et du droit d'asile que le roi prétendait conserver au quartier de Rome où était située l'ambassade française, devaient contenir une foule de pièces qui pouvaient intéresser, en même temps que l'histoire générale du catholicisme et de la papauté, notre propre histoire. Cette supposition s'est vérifiée. Un coup d'œil jeté sur le catalogue sommaire de cette ample et magnifique collection que nous traduisons littéralement d'après un registre d'inventaire des archives d'État de Massa pourra donner une idée de la variété des documents qu'elle renferme :

Archivio du Cardinal Alderano Cybo

1° Lettres du Cardinal au Prince Charles [son père], et au duc Albéric [son frère], et leurs réponses (1640-1649).

2° D°, 1655.

3° Lettres du Cardinal au Duc Albéric et ses réponses, 1656-1659.

(1) Cf. les *Lettres du Cardinal Le Camus, évêque et prince de Grenoble* (1632-1707), publiées par le P. Ingold, Paris, Picard, *passim* et particulièrement p. 412 et 479.

4° D°, 1660.
5° D°, 1667.
6° D°, 1675.
7° D°, 1676.
8° D°, 1677.
9° D°, 1679.
10° Lettres du Cardinal à sa famille, 1687.
11° Lettres du Cardinal Cybo Légat à des Princes et Princesses, 1650-1654.
12° Lettres en chiffres du Cardinal Alderano Cybo, 1677-1689.
13° D°, 1685-1688.
14° Lettres de l'Eminentissime Cybo et ses réponses quand la ferme des poudres fut enlevée à Boccavi, 1690.
15° Lettres de Princes divers au Cardinal Cybo, 1674-1676.
16° D°, 1676 (1).
17° D°, 1680 (2).
18° D°, 1681.
19° D°, 1681.
20° D°, 1681 (3).
21° D°, 1682 (4).
22° Lettres de princes et de dignitaires divers au Cardinal, 1682-1688.
23° Lettres de princes divers au Cardinal, 1683 (5).

(1) Au mscr. 16, lettres d'Antoine Arnauld, du P. Abel-Louis de Sainte-Marthe, de l'Oratoire, de Charles de Lorraine, etc,

(2) Au mscr. 17, lettres de l'abbé de Dangeau, de l'abbé Colbert, du P. de Sainte-Marthe, de l'Oratoire, etc.

(3) Au mscr. 20, une lettre en italien, datée de « Parigi », 3 juin 1681, sur la prochaine Assemblée du Clergé qui est sans doute d'un agent diplomatique, et peut-être du « Signore Abbate Lauri, auditore della Nuntiatura di Francia », ainsi que s'exprime une lettre de ce même recueil, du 23 mai 1681, de Louis de Bourlémont, archevêque de Bordeaux, qui écrit toujours à Cybo en italien, etc.

(4) Au mscr. 21, lettres sur l'Assemblée du Clergé, de Louvois, de Colbert, de Nointel, de l'Université de Louvain qui proteste contre les quatre articles : « in nobis nouitas illa Gallicani ordinis horrorem excitauit », etc.

(5) Au mscr. 23, lettres d'informations venues de Paris, une

24° D°, 1684 (1).
25° D°, 1685 (2).
26° D°, 1686 (3).
27° D°, 1688.
28° Lettres de Cardinaux au Cardinal Cybo, 1675-1679.
29° Lettres de Cardinaux et de Princes au Cardinal Cybo, 1677 (4).
30° D°, 1678.
31° D°, 1679 (5).
32° D°, 1679 (6).
33° Lettres de Cardinaux divers à Cybo, 1680-1686.
34° Lettres de Cardinaux et de Princes à Cybo, 1687 (7).
35° D°, 1689.

lettre en italien du 30 septembre 1683, signée « Francesco, arcivescovo di Parigi », du P. de la Chaise pour la sécularisation de l'abbaye lyonnaise d'Ainay, datée de Fontainebleau, 7 octobre 1683; de l'évêque de Toul, Jacques de Fieux, qui demande, le 22 octobre 1683, la nomination de commissaires pour la béatification de saint Pierre Fourier, etc.

(1) Au mscr. 24, lettres de Louvois, toujours quêtant et mendiant, de Colbert de Croissy, de Charles de Lorraine, etc.

(2) Au mscr. 25, lettres d'Arnauld de Pomponne, etc.

(3) Au mscr. 26, lettre du P. de la Chaise, en italien, dont rien n'est autographe, même la signature, où il dit qu'il ne veut pas s'avancer à donner de nouveaux avis sur les droits de la Régale, *li diritti della Regalia*; lettres du Cardinal Le Camus.

(4) Au mscr. 29, lettres du Cardinal d'Estrées, de l'abbé d'Estrades, de Gui de Sève de Rochechouart, évêque d'Arras, d'Arnauld, évêque d'Angers, qui se plaint en italien qu'on ne respecte pas la « paix de l'Eglise », d'Antoine Arnauld qui parle du livre de la *Fréquente communion* mise en latin, de Nicolas Ladvocat-Billiad, évêque de Boulogne, de du Molinet, de J. Viny, « canonicus et poenitentiarius Iprensis », de Vialard, de François de Caulet, évêque de Pamiers, etc.

(5) Au mscr. 31, lettres de Nointel, du Cardinal de Bouillon, de Guillaume de Furstemberg, etc.

(6) Dans le mscr. 32, lettres du P. Abel-Louis de Sainte-Marthe, « praepositus generalis Oratorii », de François de Caulet, de Le Camus, évêque de Grenoble, de Guillaume de Furstemberg, etc.

(7) Au mscr. 34, lettres de Colbert de Croissy, note sur le marquis de Lavardin qui s'achemine vers Rome, etc.

36° Lettres de Monseigneur Niccolini, vice-légat d'Avignon, au Cardinal Cybo, 1677-1681.

37° D°, 1677-1681.

38° D°, 1682.

39° D°, 1683.

40° D°, 1684.

41° D°, 1685.

42° Lettres de monseigneur Cenci, vice-légat d'Avignon, à Cybo, 1686.

43° D°, 1687.

44° D°, 1688.

45° D°, 1689.

46° Florence. Lettres du Grand-Duc de Toscane au Cardinal Cybo, 1672-1684.

47° D°, 1676-1699.

48° France. Lettres du Roi et de la Reine au Cardinal, 1651-1700.

49° Allemagne. Lettres de l'Empereur au Cardinal, 1661-1684.

50° D°, 1685-1700.

51° Allemagne. Lettres de l'Impératrice Éléonore à Cybo, 1683-1700.

52° Lettres de l'Impératrice Éléonore au Cardinal Cybo (1676-1687) et du Roi des Romains (1688-1700) au même, 1676-1700.

53° Allemagne. Lettres et Mémoires du Cardinal sur l'affaire des contributions occasionnées par la venue des armées impériales en Italie pendant la guerre de Savoie avec la France, 1691-1692.

54° Massa. Correspondance des princes et ducs de Massa avec le Cardinal Cybo, 1666.

55° Lettres d'Albéric II au Cardinal, 1670.

56° D°, 1678.

57° Lettres du duc Charles II au Cardinal Cybo, 1692-1693.

58° D°, 1698-1700.

59° Pologne. Lettres du roi et de la reine de Pologne au Cardinal, 1649-1695.

60° Lettres du roi Jean de Pologne au Cardinal, 1656-1694.

61° Rome. Correspondance des Princes et Ducs de Massa avec le Cardinal Cybo, 1661-1662.

62° D°, 1663.
63° D°, 1665.
64° D°, 1667.
65° D°, 1668.
66° D°, 1669.
67° D°, 1671.
68° D°, 1673.
69° D°, 1674.
70° D°, 1683-1684.
71° D°, 1689.
72° Correspondance du Duc Carlo Cybo avec le Cardinal, 1690.
73° D°, 1690.
74° D°, 1694.
75° Espagne [et Portugal]. Lettres du roi et de la reine d'Espagne, et du roi et de la reine de Portugal, au Cardinal Cybo.
76° Lettres d'ambassadeurs envoyées de Naples au Cardinal.
77° Lettres de Monsignor Mellini (1), nonce en Espagne, au Cardinal, 1677-1678.
78° D°, 1679.
79° D°, 1680.
80° D°, 1681.
81° D°, 1682.
82° D°, 1683-1686.
83° Lettres du Cardinal Durazzo (2), nonce en Espagne, à Cybo, 1686-1689.

(1) Savo Mellini, nonce en Espagne, fut créé cardinal en 1631. Il mourut à Rome le 11 février 1701, à l'âge de 58 ans. Il avait écrit une réfutation de la déclaration du Clergé de France sur les libertés de l'Eglise gallicane que le cardinal d'Aguirre a publiée dans son livre intitulé *Defensio cathedrae sancti Petri adversus declarationes cleri Gallicani*, Salamanque, 1683, in-fol.

(2) Le cardinal Durazzo était d'une famille génoise qui a fourni plusieurs doges à la République de Gênes et plusieurs prélats et cardinaux à l'Eglise. Le Palais Royal de Gênes avait été construit au XVIIe siècle pour la famille des Durazzo. La Via Balbi où il se trouve, contient encore deux autres Palais Durazzo.

84° Lettres du Doge de Venise à Cybo, 1657-1659.

85° Lettres de l'Empereur et de l'Impératrice au Cardinal Cybo, 1646-1676.

86° Correspondance du Cardinal Alderano Cybo, 1645-1699.

87° D°, 1651-1699.

88° D°, 1672.

89° D°, 1676-1689.

90° Lettres diverses au Cardinal Alderano Cybo, 1645-1700 (1).

91° Lettres et mémoriaux au Pape Paul V et au Cardinal Borghèse, t. I, 1609.

92° D°, t. II, 1609-1610.

93° D°, t. III, 1611.

94° D°, t. IV, 1612-1614.

95° D°, t. V, 1614-1623.

Le cardinal Alderano Cybo possédait une riche bibliothèque. A la Bibliothèque Nationale, il existe dans le fonds latin un *Inventarium librorum bibliothecae Domini Alderani Cybo* (2). Dans cet inventaire sont indiqués « différents recueils des lettres qui furent adressées au cardinal de 1650 à 1686 ». Il est assez probable que ces recueils sont ceux qui sont conservés à Massa. Le cardinal Camillo Cybo (3), neveu d'Alderano Cybo et héritier de cette bibliothèque, qui était, paraît-il, assez dissipateur, vendit, au mois de mai 1723, — il n'était pas encore cardinal, il ne reçut le chapeau qu'en 1729, — « tous ses équipages et la plus grande partie de ses meubles » : il le faisait, disait-il, dans un esprit de pénitence, il voulait ne plus songer qu'à son salut et allait passer le reste de ses jours dans l' « ermitage de Spo-

(1) Au mscr. 90, lettre de politesse de Christine de Suède.

(2) Cf. Léopold Delisle, *Inventaire des manuscrits latins conservés à la Bibliothèque nationale sous les n°s 8823-18613*, n° 10371.

(3) Cf. sur le cardinal Camillo Cybo, Moréri, *Grand dictionnaire historique*, édition Goujet-Drouet, Paris, 1759.

lète ». La suite de sa vie fut tout à fait différente. Ce fut certainement à cette époque que, pressé par des besoins d'argent, il vendit la bibliothèque de son oncle. Il garda sans doute ces 95 volumes de pièces manuscrites et les déposa aux archives du duché de Massa comme papiers de famille. Peut-on remarquer que le cardinal Alderano Cybo avait, en somme, formé sa collection documentaire avec un grand nombre de pièces qui auraient dû demeurer dans les armoires des archives vaticanes ?

Cette collection de registres a été, m'a-t-on dit, aperçue, il y a quelques années, et l'intérêt en a été deviné par un Français, M. Marmottan, quand il préparait son livre sur le *Royaume d'Etrurie (1801-1807)*. Mais il ne l'a pas explorée, si bien que l'un des archivistes de Massa pouvait me dire que cet *Archivio* était véritablement intact, — *vergine*, suivant son expression. Nous en avons extrait un certain nombre de documents, faible collecte butinée rapidement au milieu d'un champ étendu, mais indicatrice des recherches qu'il y aurait à opérer. Parmi eux nous avons déjà publié six lettres de Bossuet à Alderano Cybo dont, pour quatre d'entre elles, on ne connaissait pas les originaux, et dont deux étaient inédites (1). Nous avons également donné, dans le *Bulletin du Bibliophile*, une lettre du très original abbé Faydit qui recommandait au cardinal l'historien Varillas (2). Voici maintenant les autres pièces inédites que nous avons rapportées

(1) Cf. E. Jovy, *Six lettres originales de Bossuet, dont deux inédites, conservées aux Archives royales d'Etat de Massa*, Paris, Emile-Paul, 1912.

(2) *Quelques documents français des Archives d'Italie. I. Une lettre inédite de l'abbé Faydit au cardinal Cibo sur l'historien Varillas*, dans le *Bulletin du Bibliophile*, 1913, p. 461-473.

de Massa. Nous les entourerons des « illustrations » nécessaires :

Louis XIV

A tout seigneur, tout honneur. Nous plaçons en tête de ce recueil quelques lettres de Louis XIV à Cybo prises parmi beaucoup d'autres qui sont contenues dans le manuscrit 48 de l'*Archivio*. Les autres documents viendront suivant l'ordre alphabétique des noms de leurs rédacteurs.

* * *

Mon cousin, les seruices que m'a rendus le s[r] Diotalerij, cheualier de Malthe, et l'affection qu'il a tousiours faict paroistre pour cette couronne m'inuitant à une recognoissance toute particulière du mérite qu'il s'est acquis pres de moy, je vous escris la presente par l'auis de la Reyne Regente Madame ma mere pour vous dire que vous me ferez plaisir tres agreable de proteger sa personne et ses interests dans toutz les rencontres ou il en aura besoing, vous assurant que je considereray beaucoup les aduantages qu'il tirera de votre assistance et qu'en reuanche je rechercheray les occasions de vous donner des marques de ma bonne volonté, priant Dieu qu'il vous ayt, mon cousin, en sa s[te] garde. Escript à Paris, le xe de janvier 1651.

Louis
de Lomenie (1).

* * *

Mon cousin, la lettre que vous m'auez escrite sur l'occasion des bonnes festes dernieres, m'a esté un témoignage nouueau de vostre affection vers moy, aussy vous puis je asseurer qu'en toutes les occasions qui s'offriront, je vous donneray des marques de ma bonne volonté par les effectz.

(1) *Archivio*, Mscr. 48.

Cependant je prie Dieu qu'il vous ayt, mon cousin, en sa sainte et digne garde. Escrit à Poictiers, le xxiie januier 1652 (1).

Louis
de Lomenie.

*
* *

Mon cousin, j'ay receu bien agréablement les témoignages de votre affection qui m'ont esté rendus par le S[r] et Bailly de Valançay (2), mon Ambassadeur, de votre part, vous asseurant que j'en ay toute la recognoissance possible et que je vous feray part de ma bonne volonté en touttes occasions auec beaucoup de joye puisque j'estime votre personne et votre vertu, et dans cette confiance vous pouvez croire que c'est de tres bon cœur que je prie Dieu vous auoir, mon Cousin, en sa s[te] et digne garde. Escrit à Amboyse le xiiiie jour de mars 1652.

Louis
de Loménie.

*
* *

(1) C'était pendant la Fronde, la cour avait dû se tenir à Poitiers. Le roi y était venu le 31 octobre 1651. « Il demeura trois mois à Poitiers, les ministres et les corps de l'État y étant venus s'établir près de lui. En janvier 1652, il accorda aux jésuites dont l'enseignement y florissait, le titre de collège royal, avec trois mille livres de rente annuelle et les privilèges qui assuraient leur indépendance » (Le Chanoine Auber, *Histoire générale du Poitou*, Fontenay-le-Comte et Poitiers, 1893, t. IX, p. 407-408). — Cf. aussi Joseph Delfour, *Les Jésuites à Poitiers (1604-1762)*, Paris, Hachette, 1902, p. 103.

(2) Henri d'Estampes, bailli de Valençay, était né en 1603 au château de Valençay. Chevalier de Malte, il se distingua d'abord au siège de La Rochelle dans le commandement de l'escadre chargée du blocus. Il venait d'être nommé, en 1652, ambassadeur de France à Rome, quand Louis XIV adressait cette lettre au Cardinal Cybo. Il devint grand-prieur de Champagne en 1670, et enfin grand-prieur de France. Il mourut à Malte en 1678, au moment où il allait être élu grand-maître de l'ordre de Malte.

Mon cousin, les assurances que vous me donnez de la part que vous auez prise dans l'extreme affliction que m'a causé la mort de la Reyne Madame ma Mere (1) sont accompagnees de marques si expresses de votre affection pour ma personne et pour la memoire de cette grande princesse que j'ay bien voulu vous faire cette lettre pour vous tesmoigner que tous ces bons sentimens m'ont esté très agreables, et que j'y correspondray toujours par des effects de mon estime et de ma bienueillance dans les occasions qui s'en pourront présenter, priant sur ce Dieu qu'il vous ayt, mon cousin, en sa sainte et digne garde. Escript à Saint Germain en Laye, le 2e jour d'auril 1666.

LOUIS

DE LIONNE.

*
* *

Mon cousin, cette lettre vous sera rendüe par mon cousin le duc de Chaulne, pair de France et Capitaine lieutenant des cheuaux legers de ma garde que j'enuoye en qualité de mon ambassadeur extraordinaire vers Sa Sainteté et, comme il est parfaitement informé de mes bonnes intentions, vous pouuez adiouster entiere foy et creance aux choses qu'il vous dira de ma part. Au surplus, me remettant à sa viue voix, je ne vous feray la presente plus longue et prieray Dieu qu'il vous ayt, mon cousin, en sa sainte et digne garde. Escrit à Saint Germain en Laye, le 20e jour de May 1666 (2).

LOUIS

DE LIONNE.

*
* *

Mon cousin, j'ay receu la lettre que vous m'auez escripte

(1) Anne d'Autriche était morte d'un cancer le 20 janvier 1666, à l'âge de 64 ans. — Cf. une consultation médicale sur le cancer d'Anne d'Autriche, conservée par le médecin Vallant, dans Jovy, *Pascal inédit, V. Notes pathologiques sur Pascal et son entourage*, Vitry-le-François, 1912, p. 36-37.

(2) Le duc de Chaulnes était parti de Paris pour son ambassade de Rome le 15 mai 1666. Il y arriva le 10 juillet. — Cf. Charles Gérin, *Louis XIV et le Saint-Siège*, Paris, Victor Lecoffre, 1894, t. II, p. 54 et suiv.

sur le sujet des bonnes festes auec tous les sentimens que vous debuez vous promettre de moy dans une occasion où vous me donnez des marques tres expresses de vostre zelle et de vostre affection. Aussy debuez vous estre persuadé que j'auray une satisfaction bien particulière si vous me donnez les moyens de vous départir des effects de ma bienueillance et de mon estime. Et la présente n'estant à autre fin, je prie Dieu qu'il vous ayt, mon cousin, en sa s[te] et digne garde. Escript à St Germain en Laye le 31e jour de janvier 1667.

Louis
de Loménie.

*
* *

Mon Cousin, vous auez si pleinement accomply, dans l'occasion de donner un chef à la Chrestienté, ce que je m'estois promis de vostre affection, vous conformant auec tant de promptitude et de sincerité à ce que mon cousin le duc de Chaune, mon ambassadeur, vous a fait connoitre de mes sentimens, que j'ay bien voulu vous assurer par cette lettre du gré particulier que je vous en sçay et que je ne perdray jamais la mémoire de la conduite que vous auez tenue en ce rencontre, qui a esté si obligeante pour moy. Je desire en eschange que vous fassiez un estat bien certain de ma parfaite amitié et de ma singuliere estime dont je seray rauy d'auoir souuent occasion de vous donner des preuues effectiues. Cependant je prie Dieu qu'il vous ayt, mon cousin, en sa s[te] et digne garde. Escrit à Compiegne, ce 18e juillet 1667 (1).

Louis
de Loménie.

*
* *

(1) Alexandre VII était mort le 22 mai 1667. Le conclave s'ouvrit le 2 juin, et le 20 du même mois le cardinal Giulio Rospigliosi était élu pape sous le nom de Clément IX. Cybo s'était sans doute comporté dans ce conclave d'une manière conforme aux vues de la politique française d'alors. — Cf. Charles Gérin, *Louis XIV et le Saint-Siège*, Paris, Victor Lecoffre, 1894, t. II, p. 179 et suiv.

Mon cousin, ayant eu bien agréable la lettre que vous m'auez escritte sur le sujet des bonnes festes, j'ay voulu vous le tesmoigner par celle cy, et vous asseure en mesme temps de la disposition où vous me trouuerez en tous rencontres de correspondre sincèrement aux bons sentimens que vous faites paroistre pour le bien de mon Estat, et la presente n'estant à autre fin, je prie Dieu qu'il vous ayt, mon cousin, en sa s[te] et digne garde. Escrit à St Germain en Laye, le 29e jour de januier 1668.

LOUIS
DE LIONNE.

*
* *

Mon cousin, des que j'ay appris la mauuaise nouuelle de la dangereuse maladie de N[re] Tres St Pere, j'ay pris la resolution de renuoyer à Rome en toute diligence mon cousin le duc de Chaune, Pair de France, Command[r] de mes ordres, mon Lieutenant general au duché de Bretagne et Lieutenant de la Compagnie des Cheuaux legers de ma garde, en qualité de mon Ambassad[r] Extraord[re] (1), esperant neantmoins de la bonté diuine qu'elle n'aura pas voulu donner ce nouueau chastiement à la chrestienté de la priuer sy tost d'un sy digne chef. Mais comme nous ne pouuons sçauoir sy nous aurons merité ce grand bien et si Dieu voudra nous en laisser jouir longtemps, j'ay donné à toutes fins mes ordres à mon dit cousin de faire entendre à tout le Sacré Collège les sinceres intentions que j'ay pour l'élection de son successeur et combien je souhaite de pouvoir contribuer à faire qu'il soit purement dirigé à la gloire et à l'auantage du St Siège et au bien de notre Ste Religion, sur quoy en toute autre chose vous pourrez donner entiere créance à mondit ambassadeur et particulièrement quand il vous asseurera de

(1) Clément IX venait de mourir le 9 décembre 1669 quand cette dépêche était expédiée. Le duc de Chaulnes, nommé ambassadeur auprès du Sacré Collège, ne put arriver à Rome que le 16 janvier 1670. Il était accompagné des cardinaux de Retz et de Bouillon. — Cf. Charles Gérin, *Louis XIV et le Saint-Siège*, Paris, Victor Lecoffre, 1894, t. II, p. 393 et suiv.; Baron de Bildt, *Christine de Suède et le Conclave de Clément X*, Paris, Plon, 1906, p. 70 et *passim*.

mon affection et singuliere estime, dont je prie Dieu qu'il vous ayt, mon cousin, en sa sainte et digne garde. Escrit à St Germain en Laye le 12e jour de décembre 1669.

Louis

de Lionne.

*
* *

Mon cousin, si j'ay veu auec une extreme joye que le choix du sacré collège se soit si heureusement déclaré en faueur de Nostre St Père Innocent XIe (1), je n'ay pas apris auec une moindre satisfaction que celuy de Sa Sainteté se soit arresté sur vous, et qu'elle ayt remis entre vos mains sa principale confiance pour le gouuernement de l'Esglise. L'on peut tout espérer du zèle et des lumieres de Sa Sainteté, lesquelles seront secondées par vostre aplication et par vos soins. Mais si je m'en promets de grands auantages pour la gloire du St Siège et pour le bien de la chrestienté en général, je n'en espère pas de moindres pour mes interests particuliers. Je sçais ce que je dois attendre de l'amitié de Sa S[té] et combien je suis en droit de fonder sur l'affection que vous m'auez fait paroistre en toutes rencontres. J'attends qu'elle s'augmentera de jour en jour et ce sera auec plaisir que je vous y obligeray de plus en plus dans toutes les occasions où je trouueray lieu de vous donner des marques de mon amitié et de la confiance que je veux auoir en vous. C'est dont je charge le Card[l] d'Estrees et le duc son frère, mon ambassadeur, de vous donner des assurances plus particulieres et de vous renouueller celles qu'ils vous ont desja données de l'estime si distinguée que j'ay pour vous. Sur ce je prie Dieu qu'il vous ayt, mon cousin, en sa sainte et digne garde. Escrit à Versailles, le 12e jour d'octobre 1676,

Louis

Arnauld (2).

(1) Le 21 septembre 1676, le Sacré Collège avait donné Benoît Odescalchi qui prit le nom d'Innocent XI, pour successeur à Clément X, décédé le 22 juillet précédent.

(2) Cette signature d'Arnauld de Pomponne est ornée d'un paraphe énorme.

Mon cousin, Le merite que l'Archeuesque d'Andrinople (1)

(1) Pompeo Varese, gouverneur de Rome le 29 mars 1668, archevêque d'Andrinople, nonce à Venise le 18 janvier 1671, nonce à Paris au mois d'octobre 1675. Il mourut pendant sa nonciature le 4 novembre 1678, sur la paroisse de Saint-Sulpice où était son hôtel, et fut inhumé à Paris dans l'église des Théatins. Pompeo Varese était arrivé en qualité de nonce extraordinaire, et Louis XIV, bien loin de lui « faire rencontrer toutes les facilités qu'il pouvoit désirer dans le cours de cet emploi », lui avait rendu la vie dure. Il attendit longtemps sa première audience, et les évêques eurent défense « d'avoir aucun commerce avec lui ». S'il voulait entretenir Pomponne des affaires de l'Eglise, le ministre ne l'écoutait pas. Varese s'étant plaint de ce traitement, Pomponne répliqua qu'un nonce extraordinaire n'était qu'un ambassadeur sans qualité pour traiter des affaires ecclésiastiques. L'évêque de Toul lui ayant rendu visite, « Sa Majesté ordonna à MM. les agents du clergé de lui témoigner de sa part combien elle était mal satisfaite de sa conduite, et, pour en donner un plus grand témoignage, elle lui fit commander de sortir de Paris ». Clément X nomma pourtant Varese en remplacement de Spada qui avait été rappelé pour recevoir le chapeau. Il ne fut pas mieux traité pendant le reste de son séjour et de sa vie à Paris. A ses obsèques des difficultés s'élevèrent à propos de formalités dont l'Archevêque de Paris, à l'instigation du Roi, exigea l'entier accomplissement. « On a traité très indignement le corps de feu M. Varese, nonce, le laissant plusieurs jours sans sépulture parce qu'on prétendait qu'il était sujet aux droits parochiaux, bien que ce prélat fut archevêque, et qu'en qualité de nonce, il représentait le Souverain Pontife. » Voilà ce que disait un mémoire de la Cour de Rome contre les prétentions du roi. — Cf. Charles Gérin, *Louis XIV et le Saint-Siège*, Paris, Lecoffre. 1894, t. II, p. 640 et suiv., et *Recherches sur l'assemblée du clergé de France de 1682*, Paris, Lecoffre, 1870, p. 452; Hamel, *Histoire de l'église de Saint-Sulpice*, Paris, Gabalda, 1909, p. 143; [Simon de Doncourt], *Remarques historiques sur l'église paroissiale de Saint-Sulpice*, Paris, Crapart, 1773, p. 147; Primo Visconti, *Mémoires sur la cour de Louis XIV*, Paris, Calmann Lévy, s. d., p. 312. — Le nonce précédent, Spada, n'avait pas été moins mal traité. Louis XIV avait refusé au nouveau cardinal son audience de congé, et Pomponne s'en expliquait ainsi au cardinal d'Estrées : « Je l'ai seulement fait assurer de la part de S. M., par son auditeur qu'il m'avait envoyé.... que S. M. avait conçu autant d'estime pour sa personne qu'elle avait eu de satisfaction de sa

a fait paroistre depuis qu'il est dans ma court et la conduitte qu'il y a tenue dans les affaires qu'il a eues à y traiter m'ont fait voir auec plaisir que Sa Sainteté l'y ait attaché par un nouueau lien en luy confiant sa Nonciature ordinaire. La disposition qu'il trouuera en moy pour respondre aux desirs de Sa Sainteté luy fera rencontrer toutes les facilitez qu'il peut desirer dans le cours de cet employ, et j'espère de mesme de receuoir souuent par luy des marques de la bonté paternelle de Sa Béatitude. Je prens auec plaisir cette occasion de vous donner de nouuelles asseurances de mon estime et de mon amitié pour vous. Et sur ce je prie Dieu qu'il vous ayt, mon cousin, en sa sainte et digne garde. Escrit à St Germain en Laye, le 23e jour de feurier 1677.

*
* *

A mon Cousin le Cardinal Cibo.

Mon cousin, la satisfaction que j'auois deja des seruices de l'Euesque de Marseille (1) estant augmentée encore par le mérite de ceux qu'il vient de me rendre en Pologne, je sens aussi redoubler mes empressemens pour sa promotion à la dignité de Cardinal et comme l'heureuse rencontre des places qui vaquent à présent dans le sacré collège le fauorise entierement, je me flate de voir bientost cette grace consommée par la bonté de Nostre St Père. Ce sera sans doute une des plus sensibles que je puisse receuoir de sa main s'il plait à Sa Sainteté de ne pas differer dauantage à la finir de la maniere qui luy sera plus agréable, et quelque digne que soit ce prelat

conduite dans tout le temps qu'il avait passé auprès d'elle; qu'elle ne le confondait pas avec les sujets de plainte qu'elle avait tant d'occasions de faire de M. le cardinal Altieri, et qu'elle était fâchée que la manière dont ce cardinal avait agi à son égard l'obligeât à ne pouvoir avoir de communication avec ceux qu'il faisait agir sous ses ordres, lorsque le pape lui abandonnait tout le soin de ses affaires » (Pomponne au cardinal d'Estrées, 19 août 1675, Affaires étrangères, *Rome*, 239, cité par Charles Gérin, *Louis XIV et le Saint-Siège*, Paris, Lecoffre, 1894, t. II, p. 596).

(1) Il s'agit de M. de Forbin-Janson dont on trouvera plus loin quelques lettres.

par ses propres qualitez de la bienueillance d'un tel Pape, je luy en souhaite cette marque auec tant de ferueur que je me chargeray volontiers de toute l'obligation. En votre particulier j'ai voulu expres vous ecrire cette lettre de ma main pour vous confirmer moy mesme que jamais je n'oublieray les offices que vous me rendez auprès de Sa SS[té] pour le prompt succès de cette affaire dans laquelle, ne doutant pas que vous ne me donniez des preuues signalées de votre affection, je me contenteray de les attendre auec une parfaite confiance et de prier Dieu cependant qu'il vous ait, mon cousin, en sa s[te] et digne garde. A Versailles, le 7e octobre 1677, *Signé*, Louis.

*
* *

Mon cousin, Vous apprendrez par mon cousin le duc d'Estrées la nomination que je fais à Nostre St Père le Pape de l'Euesque de Marseille à l'Euesché de Beauuais. Vous jugerez par le choix que je fais de luy à un des plus grands et plus considerables diocezes de mon Royaume et qui l'approche si fort de moy, le cas que je fais de sa vertu et de son mérite et combien je le cognois capable de seruir utilement l'Eglise. J'en ay desja donné une marque bien signalée lorsque j'ay employé mes prieres au point que j'ay fait auprès de Sa Sainteté pour la conuier à remplir bientost en sa faueur la nomination du Roy de Pologne au Cardinalat. Ce nouueau tesmoignage que je luy donne de ma considération et de mon estime, conuiera sans doute encore dauantage Sa Sainteté à respondre aux désirs de ce Prince et aux miens, et vostre zele et vostre affection que j'ay esprouué tant de fois pour faire reussir les choses que je souhaite, me sont une forte assurance que vous n'oublierez rien pour l'y disposer. C'est sur quoy le duc d'Estrées vous fera cognoistre plus particulierement mes sentimens. Je le charge encore de demander vos offices pour le gratis (1) des Bulles que

(1) Les évêques français se confondaient en supplications auprès de la Cour de Rome pour n'avoir pas à payer l'*annate*, c'est-à-dire le droit que les Papes prélevaient, en vertu d'anciens tarifs de la Chambre apostolique, sur les personnes nommées à un bénéfice consistorial et qui se payait avant l'expédi-

l'Euesque de Marseille attend de la bonté de Sa Sainteté plus encore que des raisons qu'il peut auoir de l'espérer. Je veux m'assurer qu'une des plus fortes auprès d'Elle sera la priere que je charge mon Ambassadeur de luy en faire. Soyez toujours persuadé de mon amitié et de mon estime pour vous, et sur ce je prie Dieu qu'il vous ayt en sa s^te^ et digne garde. Escrit à St Germain en Laye, le 21e jour d'aoust 1679.

Louis

Arnauld.

*
* *

Mon cousin, Je ne pouuois receuoir une marque plus agréable du soin et du zèle auec lequel vous agissez toujours dans les occasions que vous croyez capables de me plaire que celle que vous m'en auez donnée dans tout ce qui a regardé l'expedition si fauorable des bulles de l'Euesque de Marseille pour l'euesché de Beauuais. Je me promets vos mesmes offices en faueur de ce prélat dans une autre affaire qui luy est si importante et dans laquelle je me promets les mesmes tesmoignages de vostre aplication pour les choses que j'affectionne (1). Sur ce je prie Dieu qu'il vous ayt, mon cousin, en sa sainte et digne garde. Escrit à St Germain en Laye, le 25e jour d'octobre 1679.

Louis

Arnauld.

tion des bulles. Les Gallicans considéraient l'*annate* comme un impôt *odieux*, c'était leur expression, et n'avaient le plus souvent qu'assez peu de reconnaissance quand le *gratis* leur était accordé. Nous avons retrouvé à Massa l'original de la lettre où Bossuet réclamait cette exonération dont il ne lui fut accordé que la moitié (Cf. E. Jovy, *Six lettres originales de Bossuet, dont deux inédites, conservées aux Archives royales d'Etat de Massa*, Paris, Emile-Paul, 1912, p. 19 et suiv.). Le gratis de la moitié de ses bulles fut également accordé à l'évêque de Beauvais (Cf. *Correspondance de Pasquier Quesnel*, publiée par Mme Albert Le Roy, Paris, Perrin, 1900, t. I, p. 19).

(1) Il s'agit évidemment de la promotion de M. de Forbin-Janson au cardinalat.

*
* *

Mon cousin, j'ay esté bien ayse d'aprendre par vostre lettre du 13 nouembre que les benedictions que Dieu donne aux soins que j'ay pris pour la reunion de mes sujets de la R. P. R. à l'Eglise Cat., ap. et Rom^{ne} soient aussy sensibles à Sa Sainteté que je l'ay toujours attendu de sa piété, de son zèle et de sa vertu. Je vois aussy auec plaisir que vous ne vous intéressez pas moins qu'elle au bon succès des desseins que j'ay formé pour le bien et l'auantage de nostre Religion et je suis assez persuadé de vos bonnes intentions pour ne pas douter que vous ne fassiez tousjours tout ce qui pourra dépendre de vous pour porter Sa Sainteté à concourir par tous les moyens que Dieu luy a confié à la perfection d'un ouvrage si util à son Eglise. Vous pouuez faire aussy un fondement certain sur la continuation de mon estime et de mon affection. Sur ce je prie Dieu qu'il vous ayt, mon cousin, en sa s^{te} et digne garde. Escrit à Versailles, le 7 décembre 1685 (1).

*
* *

Mon cousin, sur l'aduis que j'ai eu des instances que le Roy de Pologne renouuele aupres de Nostre St Pere afin qu'il luy plaise de promouuoir à la dignité de Cardinal mon cousin l'euesque de Beauuais, pair de France, j'ay pris la confiance d'y joindre ma recommandation, par une lettre de ma propre main et de tesmoigner à Sa S^{te} le plaisir qu'elle me fera d'eleuer à ce haut degré d'honneur un prélat si digne d'estime par ses qualités personnelles, par la sagesse de sa conduite et par son attachement exemplaire à ses fonctions épiscopales. Je uous demande ces offices auprès de Sa S^{té} pour l'heureux succès d'une affaire qui m'est autant à cœur que celle la, et je me tiens si sûr de vostre secours en cette occasion par la conoissance que j'ai de vostre affection

(1) Une déclaration du 15 octobre 1685 avait révoqué l'édit de Nantes. Le pape ne s'était pas montré très favorable à cette révocation et très sensible à « ces conversions à milliers dont aucune n'était volontaire ». — Cf. Casimir Gaillardin, *Histoire du règne de Louis XIV*, Paris, Lecoffre, 1875, t. V, p. 106 et 111.

enuers moy que je ne m'estens pas dauantage que pour prier Dieu qu'il vous ayt, mon cousin, en sa sainte et digne garde. A Versailles, le 13ème décembre 1686.

LOUIS (1).

JEAN ET JACQUES ANISSON.

Jean et Jacques Anisson étaient les fils de Laurent Anisson, libraire et imprimeur lyonnais. Père et fils publièrent en 1677 la *Bibliotheca maxima veterum Patrum et antiquorum scriptorum* en 27 volumes in-folio.

Ce fut Jean Anisson qui se chargea de l'impression du *Glossarium ad scriptores mediae et infimae graecitatis*, 1688, 2 vol. in-folio, de du Cange, ouvrage que les libraires de Paris refusaient d'imprimer. « Ce glossaire, dit Pernety, eut pour premier correcteur Jacques Spon, et pour dernier le P. Colonia, jésuite qui avoue que Jean Anisson y travaillait et entendait fort bien le grec. »

Intendant du commerce, conseiller honoraire au Parlement et chevalier de Saint-Michel, Jean Anisson fut appelé en 1690 à la direction de l'Imprimerie royale établie aux galeries du Louvre et « appointé comme officier de la maison du roi, sans préjudice de tous privilèges d'échevinage et bourgeoisie de la ville de Lyon, nonobstant son établissement à Paris ».

En 1705 il fut admis à se démettre de sa charge en faveur de Claude Rigaud, son beau-frère, à cause des travaux et soins qu'on exigeait de lui pour d'autres parties du service du roi. Il fut envoyé à Londres en 1713, en qualité de commissaire, pour régler, de concert avec les commissaires de la reine Anne, les con-

(1) Cette lettre paraît entièrement autographe.

testations élevées par la chambre des communes au sujet des articles 8 et 9 du traité de commerce stipulé par le traité d'Utrecht de la même année.

Il était devenu député de la ville de Lyon à la chambre de commerce de Paris, et il en remplit les fonctions jusqu'à sa mort arrivée en novembre 1721.

Jacques Anisson, son frère, aussi libraire et imprimeur, fut échevin de Lyon en 1711 et mourut en 1714. Avec l'autorisation du roi, il avait ajouté à son nom le nom de Duperon, d'un domaine qu'il avait acquis.

Dans la lettre suivante Jean et Jacques Anisson demandent au cardinal Cybo de les aider dans la publication de la *Bibliotheca maxima Patrum* : ils le prient de la recommander à ses amis de Rome et d'en faire placer le premier volume sur une table dans son antichambre, ce qui leur procurera une utile publicité.

Eminentissime Princeps,

Quandoquidem nobis innuerat Eminentia tua gratum ipsi fore si ad eam Bibliothecae Patrum modo a typis recentis transmitteremus, ausi sumus id munusculum offerre. Quam in rem misimus duo exemplaria Domino Slusio, breuium secretario, accurate compacta, soluta vectura, ut ea deferret ad Eminentiam tuam et simul nomine nostro rogaret suppliciter eorum alterum sibi et sumeret, alterum Summo Pontifici Patri Sanctissimo dare dignaretur, cum adjuncta epistola. Quod beneficium de humanissima Eminentia tua sperantes, aliud etiam audemus poscere, ut hujusce operis meritum et dignitatem apud alios habeat commendatam. Nam cum in diuturna et difficili impressione, quam plurimos sumptus pecunia praesente fecerimus, rem justam percupimus, ut ex libri expedita venditione, quod minime parce in antecessum effudimus, id nobis breui tempore rependatur. Quam in rem juvabit plurimum si Eminentia tua patiatur librum palam in mensa esse ad conspectum accedentium, ipsumque iis commendet, qui emere velint et possint; quippe ex hac commendatione maximum pretium accessurum est libro, viro tam erudito, existimationis apud omnes tam insignis, calculum suae sententiae adjungente. Id nobis sane pro honesto stimulo futurum est, ut in posterum sedulam operam impendamus in libris ad Ecclesiae decus et gloriam imprimendis, si id nullo damno nostro fieri perspexerimus. Quas inter spes unum adhuc nobis optandum superest, ut aliquando hoc Bibliothecae opus, grande et dignitati non impar, Eminentiae tuae offerre possimus in summum Ecclesiae apicem assumptae, et admotae ad supremum gubernaculum, quod virtutes praeclarissimae, doctrina eminentissima, natales nobilissimi, et ornatissima de Republica Christiana merita videntur, si Deus annuerit, exspectare. Interea nos commendatos Eminentiae tuae enixe petimus, cum simus

Eminentiae tuae
Humilissimi (1) et obsequentissimi
serui.
JOANNES ET JACOBUS ANISSON.

Lugduni, die 8[bris] septima
1677.

LE P. DE LA CHAISE.

Le P. François de la Chaise parut à la cour au commencement de 1675, — le 13 février, — après la mort du P. Ferrier, en qualité de confesseur du roi. Dès son installation il fut chargé de la feuille des bénéfices ainsi que l'avait été son prédécesseur, et se trouva mêlé à toutes les grandes affaires ecclésiastiques.

Le P. de la Chaise suivit le roi dans plusieurs de ses expéditions militaires. Souvent même il l'accompa-

(1) Le superlatif classique est *humillimus*. On rencontre cependant la forme *humilissimus* (Benoist et Gœlzer, *Nouveau dictionnaire latin-français*, Paris, Garnier frères, 1912, p. 672).

gnait jusque dans les tranchées. Dans une lettre de Mons, le 3 avril 1691, Boileau écrivait à Racine : « J'ai oublié de vous dire que, pendant que j'étois sur le mont Pagnote (1), à regarder l'attaque, le R. P. de la Chaise étoit dans la tranchée et même fort près de l'attaque pour la voir plus distinctement. J'en parlois hier à son frère (2) qui me dit tout naturellement : *Il se fera tuer un de ces jours*. Ne dites rien de cela à personne, car on croiroit la chose inventée, et elle est très vraie et très sérieuse (3). »

La première des lettres du P. de la Chaise au cardinal Cybo que nous reproduisons ici, est du 28 mars 1678. Elle nous le montre précisément au milieu des armes et des combats. Il est à Ypres près du roi qui venait, deux jours auparavant, de s'emparer de cette ville et, quand même, son attention est dirigée tout entière vers les questions religieuses du moment.

La première partie de cette lettre est consacrée à la réformation des ordres religieux dont on se préoccupait alors beaucoup, et à laquelle le roi, au dire de son confesseur, apporte vraiment tous ses efforts. Le P. de la Chaise assure qu'il veut se montrer dans cette affaire

(1) Boileau fait probablement ici allusion à ce vers de Pradon dans la satire qu'il fit contre les deux historiographes après la campagne de 1678 :

Le haut du mont Pagnote étoit leur mont Parnasse.

Le *mont Pagnote* est « un lieu élevé d'où l'on peut, sans aucun péril, regarder un combat ». *Pagnote* est un ancien mot pris tantôt substantivement, tantôt adjectivement, qui signifie « lâche, poltron ».

(2) François, comte de la Chaise, capitaine des gardes de la porte du Roi depuis l'année 1687. Il mourut au mois d'août 1697.

(3) Œuvres de J. Racine, dans *les Grands écrivains de la France*, Paris, Hachette, 1888, t. VII, p. 20.

le digne fils de cette Compagnie de Jésus qui est liée au Pontife Romain par un vœu particulier et qui entend poursuivre, non seulement les ennemis déclarés, mais encore les ennemis dissimulés de l'Église. Aussi dès qu'il eût reçu une lettre de Cybo relative à ce sujet par l'intermédiaire du nonce Pompeo Varese, archevêque d'Andrinople (1), est-il allé trouver le roi victorieux « au milieu du bruit des tambours et des clairons », — *medios inter tympanorum et lituorum strepitus,* — pour lui parler des intentions du Saint-Siège qui s'accordent parfaitement avec celles de la Cour de France.

Dans la seconde partie, le Père, après un éloge en termes brefs, mais vigoureux, de la piété du roi, fait une charge à fond de train contre les jansénistes qui affectent de ne parler que de sévérité et de réformation des mœurs. Il se montre bon prophète, bon lecteur de l'avenir, lorsqu'il dit que cette « race d'hommes » menace l'Église des plus grandes calamités et l'État lui-même de l'entier bouleversement de sa constitution. Cette secte aurait pris un bien plus grand développement si le Roi n'avait arrêté « ces loups qui se cachent sous des peaux de brebis ». Le célèbre jésuite signale particulièrement les diocèses de Sens et d'Alet comme ayant été infectés de l'hérésie par des prélats, — ce sont MM. de Gondrin et Pavillon, — qu'il n'hésite pas à qualifier de *viri quidem de se obscuri et exigui meriti,* et ce n'est qu'avec un labeur infini que les successeurs de ces prélats sont parvenus, dans ces diocèses, à extirper les effets de cette funeste influence. Le P. de la Chaise termine en disant que les Jansénistes se vantent d'avoir

(1) Le nonce Pompeo Varese, archevêque d'Andrinople, mourut à Paris le 5 novembre 1678. — Cf. Ch. Gérin, *Louis XIV et le Saint-Siège,* Paris, Lecoffre, 1894, t. II, p. 640 et suiv., et une note précédente de ce présent travail.

maintenant le Pape pour eux, et supplie qu'on détruise définitivement cette hérésie déjà foudroyée par le Vatican, et qui se reprend à vivre avec vigueur.

Dans la seconde lettre, du 16 décembre 1678, écrite peu après la mort à Paris du nonce Pompeo Varese, le P. de la Chaise parle de la sécularisation de l'abbaye bénédictine lyonnaise d'Ainay. — *Athanacum*. — qu'il demande instamment au Cardinal secrétaire d'État de presser le plus possible. Il pouvait parler en toute connaissance de cause d'une affaire lyonnaise, puisqu'il avait autrefois professé avec éclat la philosophie au collège des jésuites de Lyon où il fut ensuite provincial de son ordre.

On ne peut s'empêcher de remarquer l'élégance aisée avec laquelle le P. de la Chaise écrivait en latin. Il était, d'ailleurs, très érudit. C'est à son instigation que Louis XIV avait créé l'Académie des médailles. Lorsque cette société fut réorganisée en 1701 sous le nom d'Académie des Inscriptions et Belles-Lettres, le roi nomma le Père de la Chaise académicien honoraire. Il était assidu aux séances de l'Académie, et ne s'y rendait guères sans annoncer quelque nouvelle découverte en médailles, figures antiques, urnes, pierres gravées ou inscriptions. La ville de Lyon lui dut sa bibliothèque, son musée des antiques, une collection de médailles et une espèce d'observatoire. Plusieurs savants lui dédièrent leurs ouvrages ; Spon, notamment, lui fit hommage, en 1678, de la relation de son *Voyage d'Italie, de Dalmatie, de Grèce et du Levant*, et Vaillant, en 1681, de son *Seleucidarum imperium*, ou histoire des rois de Syrie par les médailles. On trouve de lui, dans le t. II des *Mémoires de l'Académie des Inscriptions*, des *Remarques sur l'inscription d'une urne antique*.

Par la troisième lettre, du 28 février 1689, le P. de la Chaise remercie Cybo des attentions qu'il avait eues pour le P. Tachard qui avait accompagné à Rome les mandarins siamois qui y avaient été envoyés en ambassade et le recommande, ainsi que les autres jésuites attachés à la mission de Siam, à la bienveillance du Cardinal.

I

Eminentissime Cardinalis,

Cumularunt me non mediocri gaudio literae quibus me cohonestauit Eminentia Vestra ex quibus liquido intellexi quod dudum animo perceperam, inuigilare scilicet Eminentiam vestram non communi solum Ecclesiae commodo, verum etiam sacrorum coetuum reformationi quorum exemplis ac operibus, praeter antiqua in Sanctissimam Sedem bene merita, nouae in dies fiunt ad Dei et Ecclesiae gloriam accessiones. Mihi quidem nihil optatius accidere posset quam si eo in loco quo me Regia Majestas esse voluit, aliqua parte in Regno florentissimo allaborare possem zelo ardenti quo fertur Eminentia Vestra in publicum rei Christianae bonum, meque tum demum reputarem non degenerem Societatis illius filium quae et peculiari voto Romano Pontifici adstricta est, cuiusque hactenus labores eo collimarunt, ut non apertos modo, sed et occultos Ecclesiae hostes modis omnibus insequeretur. Ego, ubi primum ab Hadrianopolitano Archiepiscopo Eminentiae Vestrae literas accepi, medios inter tympanorum et lituorum strepitus, victorem Regem adii : exposui quae mandaverat Eminentia Vestra, iussusque sum ipsi, ejus nomine, significare nihil sibi esse antiquius morum et vitae in omnibus sacrorum ordinum hominibus reformatione, nullam in se moram esse quin in Auenionensi tractu Pontificiae ditionis conceptam animo Seraphici ordinis Eminentia Vestra perficiat, seque ipsi, ea in re, auxilio, nedum nocumento, futurum.

Nunc liceat mihi, ea quae par est sinceritate ac reuerentia, in paulum dissimili argumento, mentem meam Eminentiae

Vestrae aperire et pauca quae praesentem Ecclesiae Gallicanae statum spectant, contra quam forte illic referatur, exponere. Primum mihi plane compertum est Principum eorum qui viguere hactenus, Christianissimum Regem nulli de pietate erga Sedem Apostolicam, deque avitae Religionis studio concedere, ita ut nihil magis e re Christiana fore putem quam Sanctissimum inter Pontificem et tantum Principem magna foueatur animorum consensio, quae non possit leuibus causis aut querelis interturbari.

Alterum non leuioris momenti probis omnibus aeque perspectum ac manifestum est, malo prorsus animo ac zelo agi quotquot hac aestate aliud nihil crepant quam morum seueritatem et laxioris vitae reformationem. Genus hoc hominum magnam Ecclesiae cladem, nisi sedulo prospiciatur, imo et politico regimini minitatur. Fuere scilicet iis Caluinistarum mores et solemnis initio cantilena, sed mirum est quantum appareat iis qui rem propius inspiciunt, eorum mores et doctrinam ab hac austera verborum ostentatione abhorrere : quippe qui Caluinistarum, Baii et Jansenii dogmatis insistant, et in eo totam suam reformationem ponant, ut fideles a sacramentorum Poenitentiae praesertim, ac Eucharistiae usu auertant ; cultum etiam Sanctorum ipsiusque Deiparae Virginis, quantum possunt, imminuunt, Conceptionem immaculatam, Assumptionem, aliaque SS^ae^ Virginis mysteria, sparsis identidem in vulgus libellis, impugnant ; denique reformationis et austeritatis obtentu, magnam ubique laxitatem, ut olim Caluinus, inducunt. Paucos habuimus hac in factione Episcopos, viros quidem de se obscuros, et exigui meriti, qui tamen peruicaci in Summorum Pontificum constitutiones rebellione primum noti, mox nouatorum ac reformatorum famam adepti, nomen sibi fecere, unde dici non potest quantam commisso sibi gregi cladem intulerunt ; qua arte strages late toto regno grassaretur, nisi Rex Christianissimus lupos illos sub ovium vestibus in gregem immissos repressisset, istisque deficientibus, veros substituisset Pastores, qui illata damna indefesso labore resarcirent, ut non ita pridem contigit in Senonensi, et nuper in Aletensi dioecesibus, ubi dici non potest quam deprauati sint hominum mores, et quanta elementorum Religionis Christianae ignorantia. Id unum sciunt quod sunt edocti, scilicet pietatis summam in eo consistere ut raro ad

Poenitentiae, rarissime vero ad Eucharistiae sacramenta accedatur; tantum posse in sua Dioecesi quantum Romae Summus Pontifex, atque adeo ad solum Episcopum pro omnibus dispensationibus, etiam pro matrimoniis in gradibus prohibitis, recurrendum, aliaque huiusmodi plane schismatica et erronea. Et tamen, quod maxime miramur, cum huiusmodi homines tot annis Sanctae Sedi palam reluctati sint, et etiamnum (quantamcunque procul fingant animi demissionem) dictis et scriptis reluctentur, illi, inquam, ipsi hodie, fastu probis omnibus intolerabili, iam spargunt in vulgus, nactos se tandem aliquando suarum partium Summum Pontificem, illi se in deliciis esse, doctrinam, libros, mores, quicquid denique ab eius Praedecessoribus improbatum ac damnatum fuit, hodie in Vaticano laudari et, si Deo placet, approbari : quae, quanto rei Christianae damno spargantur, pronum est intelligere. Condonet E[a] V[a] si, nactus hanc occasionem, ei aperiam periculosum ac minime palpandum vulnus, ut de opportuno prouideat remedio, et haeresim Vaticanis fulminibus iam attritam, nunc renascentem prorsus elidat. Rogabo interim omnipotentem Deum ut E[am] V[am] publicis Ecclesiae rationibus diu seruet incolumem. Ypris, 5° Kal. april. 1678.

Eminentiae Vestrae

Humillimus et obsequentissimus seruus.

FRANC. DE LA CHAISE, Societatis Jesu (1).

II

Princeps Eminentissime,

Animum Em[ae] Vestrae majoribus Ecclesiae totiusque adeo Orbis Christiani negotiis occupatum interpellare non auderem, nisi eo me adigeret mors praematura eximii D[i] Nuntii Apostolici qui, cum ei jamdiu persuasum esset quanti momenti quantaeque necessitatis foret saecularisare, ut loquuntur, Abbatiam Atanacensem, vulgo d'Aisné Lugdunensem, in se totum id negotii procurare apud Em[am] V[am] et ad

(1) *Archivio*, mscr. 30.

exitum ultro receperat. Quin et mihi ostenderat literas Em^{ae} V^{ae}, quibus pro sua summa humanitate significare dignabatur, se non modo hac in re boni publici de quo agitur, sed et meae commendationis rationem habituram, mihique haud illibenter gratificaturam, non attentis leuioris momenti rationibus, quibus alioquin negotium retardari potuisset. Et sane, Princeps Eminentissime, instructiones et acta ad Em^{am} V^{am} missa ita rei necessitatem atque adeo aequitatem demonstrare videntur, ut ab ipsius pietate et zelo ubique jam ita celebri non possim celerem exitum mihi non polliceri. Periculum nempe in mora. Urgetur senio Abbas, idem ac Archiepiscopus Lugdunensis, cui, si quid humanitus contingeret, haud dubie res illius Abbatiae in deterius prolaberentur, scandalum cresceret, et monachi quorum frustra tamdiu tentata est reformatio quique saecularisationem illam tanquam morum certam emendationem subverentur, ubi primum hodierni Archiepiscopi authoritatis fraeno coerceri cessarent, pia ejus coepta abrumperent, caverent sedulo ne, saeculares effecti atque ita deinceps subducti ordine, absque ulla disciplinae ratione amplius vivere non possent. Quare iterum enixe rogo Em^{am} Vestram ut negotio ultimam manum, quam cito fieri potuerit, imponere non gravetur, quod ita gratum Deo fore existimo, ut inde non parum in ipsam solatii et laetitiae redundaturum confidam. Quam magna, quam eximia statuat in dies Rex Magnus pro fidei incremento et haereseos exstinctione, pace deinceps per ipsum in tota Europa constituta vel constituenda propediem, narrabit melius Eminentiae Vestrae Pater Honoratus Faber (1) quam

(1) Le P. Honoré Fabri, de la Compagnie de Jésus, était né vers 1607 dans le Bugey. Il avait professé la philosophie et les mathématiques au collège des jésuites de Lyon, et fut ensuite appelé à Rome pour y remplir les fonctions de grand-pénitencier. Il y mourut en 1688. Il était doué d'une prodigieuse ardeur pour le travail, se livra à tous les genres d'études et réussit surtout dans les sciences. On prétend qu'il professa la circulation du sang avant la publication d'Harvey sur le sujet (Michault, *Mélanges historiques et philologiques*, Paris, Tilliard, 1754, t. II, p. 333). Signalons parmi ses nombreux écrits ses ouvrages contre Pascal et Port-Royal : *Pithanophilus seu dialogus vel opusculum de opinione probabili*. Romae, Corbelletti, 1659, in-8; — *Notae in notas Willelmi Wendrockii ad Ludovici Mon-*

ego scribere possim. Nemo etiam melius quam idem ille Pater mihi peramicus testificari possit Eminentiae Vestrae quam Illam ex animo venerer, quamque vehementer cupiam ipsius beneficiis et benevolentia me non indignum omni obsequiorum genere praestare. Lutetiae Parisiorum, 16 decembris 1678.

Eminentissime Princeps,
Em[ae] Vestrae
humillimus et obsequentissimus seruus
FRANÇ. DE LA CHAIZE, S. J. (1).

III

Monseigneur,

J'ay veu par la lettre dont V. E. m'a honoré et j'ay apris avec une extreme reconnoissance par les récits du P. Tachard toute la protection dont elle a daigné le favoriser dans les afaires dont il estoit chargé et dont le succez estoit si important au bien de la Religion, à l'honneur du St Siège et à la gloire de ce Pontificat. Et je ne puis en rendre à V. E. assez de tres humbles actions de grâces. Je puis l'assurer que les Peres de Nostre Compagnie qui sont partis d'icy pour Siam et pour les Royaumes voisins n'omettront rien pour répondre par une aplication fidele à tous les devoirs de leur ministere, aux saintes intentions de V. E. et à celles de la Sacrée Congregation, et que Sa S[té] sera contente du bon usage qu'ils tascheront de faire de ses grâces et de ses bienfaits. Je m'estimerois en mon particulier fort heureux si je pouvois seconder leur parfaite gratitude et trouver des occasions de contribuer à la satisfaction de V. E. comme j'ay toujours

taltii litteras..., inustae a Bernardo Studbrockio, Viennensi Theologo, Coloniae, Busaeus, 1659, in-8; — *Ludovici Montaltii epistolares libelli ad provincialem refutati*, Cologne, 1660, in-8; — *Apologeticus doctrinae moralis societatis Jesu*, Lugduni, sumptibus Laurentii Anisson, 1670, in-fol. Ce livre fut approuvé par les théologiens de la Compagnie de Jésus, et parmi eux figure le P. de la Chaise. Nous possédons l'exemplaire de ce livre qui a appartenu au Collège des jésuites de la Sainte-Trinité de Lyon.

(1) *Archivio*, mscr. 30.

tasché de le faire et comme je le feray toujours auec soin lorsque je pourrai luy temoigner le zele tres respectueux et tres ardant auec lequel je suis,

Monseigneur,
de V. E.
Le tres humble et tres
obeissant seruiteur,
De la Chaise, S. J.

A Paris, le 28 février 1689 (1).

Louis de Bourbon, prince de Condé,
Henri-Jules de Bourbon, duc d'Enghien
et François-Louis de Bourbon, prince de Conti.

Voici toute une série de lettres, les unes de Louis de Bourbon, prince de Condé, — *le Grand Condé*, — les autres de son fils, Henri-Jules de Bourbon, duc d'Enghien, plus tard prince de Condé, et de François-Louis de Bourbon, prince de Conti.

La première est une lettre de politesse de Condé au Cardinal Cybo.

Les quatre lettres suivantes, toutes datées du 20 juin 1679, sont adressées au Pape et au Cardinal Cybo par Condé et Henri-Jules de Bourbon au sujet des prétentions que les gens de la reine Christine, appuyés par ceux du Pape, avaient sur les biens du feu roi de Pologne, Jean-Casimir, dans le royaume de Naples, biens que Condé et Henri-Jules de Bourbon affirmaient avoir été légués à la duchesse d'Enghien, Anne de Bavière, seconde fille d'Edouard de Bavière, prince palatin du Rhin, et d'Anne de Gonzague-Clèves, la fameuse princesse palatine célébrée par Bossuet.

(1) *Archivio*, mscr. 34.

Viennent ensuite deux lettres de Henri-Jules de Bourbon et de François-Louis de Bourbon, prince de Conti, relatives au mariage de ce dernier avec sa cousine, Thérèse de Bourbon, fille de Henry-Jules de Bourbon, devenu prince de Condé, et d'Anne de Bavière, mariage qui eut lieu le 29 juin 1688.

I

Monsieur

J'ay receu par les mains de Mr l'Archeuesque d'Andrinople, nonce de Sa Sainteté en cette Cour, la lettre qu'il a plu à V. Emce de me faire la faueur de m'escrire. Elle est si remplie d'honnestetez pour moy que je ne puis assez en remercier V. E. Je la suplie de croire que j'en ay toute la reconnoissance que je dois. Je croy qu'elle ne doutera pas de ma joye de l'exaltation de Sa Sainteté au Pontificat puisqu'il ne pouuoit estre occupé par une personne qui le remplit plus dignement, ny pour qui j'eusse une plus grande vénération. J'ay touiours eu, aussy bien que ma maison, un tel deuouement au Sainct Siege que je m'estimerois extrêmement heureux si je pouuois luy en donner des marques aussy essentielles que je le souhaiterois. Je puis asseurer V. E. que j'en rechercheray toute ma vie les occasions auec beaucoup de soing, et que je n'en perdray jamais aucune de faire connoistre à V. E. en particulier l'estime et la consideration singuliere que j'ay pour sa personne et pour sa vertu et son mérite, et combien je souhaiterois d'auoir quelque part en son amitié, et de luy tesmoigner la passion veritable auec laquelle je suis,

Monsieur,

De V. Emce

le très affectionné seruiteur

LOUIS DE BOURBON.

Paris le 6 mars 1677 (1).
Le Cardal Neueu (2).

(1) Ces mots : *le tres affectioné seruiteur* et la signature sont de la main de Condé.

(2) *Archivio,* inscr. 29. — On donna pendant longtemps le

II

Très sainct Père,

Celuy que Monsieur le Duc d'Anguien, mon fils, a enuoyé à Naples pour se mettre en possession des biens qui luy sont escheus par la mort du feu Roy de Pologne Jean Casimir, luy mande que Vostre Sainctelé a donné ordre à son Nonce d'appuyer de sa part une prétention que les gens d'affaires de la Reyne de Suede se sont imaginés qu'elle pouuoit auoir sur ces mesmes biens comme la plus proche heritière du Roy Casimir, quoyque cette prétention n'ayt aucun fondement, puisque par le contract de mariage de Madame la Duchesse d'Anguien (1), il l'adopte pour sa fille

nom de *cardinaux-patrons* ou *cardinaux-neveux* aux cardinaux secrétaires d'Etat, parce que, depuis le premier secrétaire d'Etat Carlo Borromeo, neveu de Pie IV, en 1560, cette fonction avait été le plus souvent occupée par des neveux du pape. Quant à Innocent XI, il s'était ouvertement et d'une manière absolue prononcé contre le népotisme.

(1) Sur Anne de Bavière, d'abord duchesse d'Enghien, puis princesse de Condé, cf. l'*Oraison funèbre de... Anne, palatine de Bavière, princesse douairière de Condé*, prononcée dans l'église collégiale de Trévoux, au service que le Parlement de Dombes a fait faire, le 13 avril 1723 par le P. Dominique de Colonia..., Trévoux; et Paris, E. Ganeau, 1723, in-4. — Dans l'*Oraison funèbre d'Anne de Gonzague*, Bossuet nous représente la duchesse d'Enghien, en conformité de sentiments avec Anne de Gonzague, sa mère, et possédant un mérite que le monde ne paraît avoir reconnu qu'avec peine : « [Anne de Gonzague trouvait] dans la duchesse [d'Enghien], sa chère fille, un naturel tel qu'il le fallait à un cœur comme le sien, un esprit qui se fait sentir sans vouloir briller, une vertu qui devait bientôt forcer l'estime du monde et, comme une vive lumière, percer tout à coup, avec grand éclat, un beau, mais sombre, nuage. » A la fin de cette même oraison funèbre, Bossuet semble dire qu'en dépit de son rang élevé, la duchesse d'Enghien était plutôt malheureuse : « *Reconnaissez* ici le monde ; *reconnaissez* ses maux toujours plus réels que ses biens, et ses douleurs par conséquent plus vives et plus pénétrantes que ses joies... Vous avez perdu, [en perdant votre mère], ces *consolations* qui, par un charme secret, faisaient

et la declare unique héritiere de tous ses biens. Vostre Saincteté aura, s'il luy plaist, la bonté de considerer que, comme ses recommandations sont regardées dans toute la chrestienté comme des ordres précis que tout le monde reuere et ausquelz on fait gloire de se soumettre, mon fils auroit sujet d'en craindre un euenement fâcheux si le Nonce de Vostre Sainctеté continuoit d'agir de sa part en faueur de la Reyne de Suede. C'est ce qui fait, Tres sainct Père, que mon fils et moy supplions très humblement Vostre Sainctеté, en cas qu'elle eust donné quelque ordre là-dessus, ce que nous auons peine à croire, d'auoir la bonté de les reuoquer, qui est une chose que nous espérons auec d'autant plus de confiance que nous connaissons parfaitement que la justice est la véritable règle de toutes les actions de Vostre Sainctеté et que nous ne pouuons nous persuader que dans un temps où toute la Chrestienté se trouue obligée de faire des vœux pour la durée de sou Pontificat par les grands auantages qu'elle en retire, et par la justice que Vostre Sainctеté rend à tout le monde, nous fussions les seuls qui n'en ressentissions pas des effectz, surtout ayant tous les sentimens de respect et de vénération que nous auons pour sa personne, et prenant autant de part que nous en auons toujours pris à la gloire et à l'interest du St Siege auquel je peux auec verité protester à Vostre Saintеté qu'il n'y aura jamais personne qui soit plus

oublier *les maux dont la vie humaine n'est jamais exempte.* » Saint-Simon nous apprend que l'existence d'Anne de Bavière fut, en effet, très remplie de tristesses : « Mme la Princesse étoit la continuelle victime de son mari. Elle étoit également laide, vertueuse et sotte; elle étoit un peu bossue... Toutes ces choses n'empêchèrent pas M. le Prince d'en être jaloux jusqu'à la fureur, et jusqu'à sa mort. La piété, l'attention infatigable de Mme la Princesse, sa douceur, sa soumission de novice ne la purent garantir ni des injures fréquentes, ni des coups de pied et de poing qui n'étaient pas rares. » Et ailleurs, à l'occasion de sa mort qui survint le 23 février 1723 : « Mme la Princesse eut des biens immenses. Elle étoit laide, bossue, un peu tortue et sans esprit, mais douée de beaucoup de vertu, de piété, de douceur et de patience, dont elle eut à faire un pénible et continuel usage tant que son mariage dura, qui fut plus de quarante-cinq ans... »

attaché que moy, ny qui puisse estre auec un plus profond respect que je suis,

Tres Sainct Père

De Vostre Sainctetė

Tres humble, tres obeissant et tres deuot fils et seruiteur,

LOUIS DE BOURBON.

A Chantilly, le
20 juin 1679 (1).

III

Très Sainct Père,

Monsieur mon Pere se donne l'honneur d'escrire à Vostre Sainctetė pour une affaire qui me regarde sur laquelle je luy demande une grâce que nous croyons deuoir attendre de la bonté de Vostre Sainctetė sur le fondement de la justice de mon droit. J'en escris le détail à Mr le Cardinal Cibo qui pourra en informer Vostre Sainctetė, en sorte que, pour ne la pas importuner d'une plus longue lettre, je me contenteray de l'asseurer de la reconnoissance éternelle que j'auray de la grace qu'il luy plaira de me faire en cette occasion et du respect auec lequel je seray toute ma vie,

Très Sainct Père,

De Vostre Sainctetė

Tres humble, tres obeissant
et tres deuot fils et seruiteur,

J. H. DE BOURBON.

Paris, le 20 juin 1679 (2).

IV

Monsieur,

Monsieur mon Père et moy nous sommes donnés l'honneur d'escrire à Sa Sainteté sur l'auis que nous auons eu qu'elle auoit donné ordre de recommander de sa part à

(1) *Archivio*, mscr. 32.
(2) *Archivio*, mscr. 32.

Naples une prétention que les gens d'affaires de la Reyne de Suede luy ont fait entendre qu'elle pouuoit auoir sur les biens qui ont appartenu en ce pays la au feu Roy de Pologne Jean Casimir. Je m'asseure, Monsieur, que V. Em[ce] trouuera cette prétention sans aucun fondement puisque le Roy Casimir, par mon contract de mariage, a adopté Madame la Duchesse ma femme et l'a déclarée l'unique heritiere de tous ses biens dont il n'auroit pas disposé au jour de son décès, et c'est seulement sur ces derniers mots que les gens de la Reyne de Suede establissent sa prétention, sur ce que le Roy Casimir a fait un testament par lequel il donne tous ses biens à Madame la Princesse Palatine, mère de Madame la Duchesse, laquelle, préférant l'auantage de sa fille au sien propre, a fait une renonciation au legs qui auoit esté fait en sa faueur. Ainsy il est sans difficulté que cette donation est comme non auenue et que les biens laissés par le Roy Casimir appartiennent à l'heritiere instituée par le contract de mariage et, par cette raison il paroist visiblement que la prétention de la Reyne de Suède ne se peut soutenir. J'ai cru, Monsieur, que V. E. trouueroit bon que je l'informasse de ce petit détail pour en pouuoir rendre compte à Sa Sainteté. Au surplus mon droit est si euident que je ne puis douter que, lorsque la Reyne de Suède en aura esté bien informée, elle ne se porte d'elle mesme à imposer silence à ses gens d'affaires. Mais quand cela ne seroit pas, Monsieur, mon Père et moy espérons de la justice de Sa Sainteté qu'elle voudra bien donner les ordres nécessaires pour preuenir le mal que me pourroit faire une recommandation aussy forte et aussy puissante que la sienne. Je supplie instamment V. E. de contribuer en cela de ce qui deppendra d'elle et de croire qu'elle ne sçauroit jamais faire de plaisir à personne qui en ayt plus de reconnoissance que moy, ny qui soit plus veritablement que je suis,

Monsieur,

De V. Em[ce]

Tres affectionné seruiteur

J. H. (1) de Bourbon.

A Paris, le 20 juin 1679 (2).

(1) Jules-Henri de Bourbon.

(2) *Archivio*, mscr. 32.

V

Monsieur,

Comme Monsieur le Duc d'Anguien, mon fils, escrit à V. Em^{ce} le détail d'une affaire qui le regarde et en laquelle il luy demande son assistance aupres de Sa Saincteté, je me contenteray de dire à V. E. que c'est une occasion où j'espère qu'elle sera d'autant plus disposée à nous obliger que la chose luy paroistra toute pleine de justice. En mon particulier, Monsieur, j'auray toute la reconnoissance possible du plaisir que V. E. voudra bien faire en cela à mon filz et si jamais j'ay quelque occasion de luy en faire paroistre mon ressentiment, elle connoistra combien je suis,

Monsieur,

De V. E.

Tres affectionné seruiteur,

LOUIS DE BOURBON.

A Chantilly, le 20 juin 1679 (1).

VI

Monsieur,

Je me donne l'honneur d'escrire à Sa Sainteté pour la supplier de vouloir bien accorder les dispenses nécessaires pour le mariage de Monsieur le Prince de Conty auec Mademoiselle de Bourbon, ma fille, et j'oze espérer que si V. Em^{ce} veut bien appuyer ma demande de ses bons offices, j'obtiendray facilement cette grâce de Sa Saincteté. Je supplie V. E. de ne me les pas refuser et d'estre bien persuadée de ma parfaite reconnoissance de laquelle je luy donneray auec joye des marques dans les occasions que je pourrois auoir le bonheur de trouuer et que je rechercheray auec soin pour lui faire connoistre qu'on ne sçauroit estre plus veritablement que je suis,

Monsieur,

de V. Em^{ce}

Tres affectionné seruiteur,

HENRY JULE DE BOURBON (2).

(1) *Archivio*, mscr. 32.
(2) *Archivio*, mscr. 27.

VII

Monsieur,

Le Roy ayant approuué mon mariage auec Mademoiselle de Bourbon, je prends la liberté d'ecrire à Sa Sainteté pour la supplier de vouloir bien m'en accorder la dispense, et j'espère qu'elle aura la bonté de ne pas refuser ma demande si elle est appuyée des bons offices de V. Em^{ce}. Je la conjure de tout mon cœur de vouloir bien les y employer, et de croire que je conserueray une éternelle reconnoissance du plaisir qu'elle me fera en cette occasion et que j'embrasseray auec joye toutes celles qui se presenteront de luy faire connoistre à quel point je suis,

Monsieur,

De V. Em^{ce}

Tres afectioné seruiteur,

François Louis de Bourbon (1).

Paris le 28 mars
1688 (2).

(1) François-Louis de Bourbon, né en 1664, fut d'abord prince de La Roche-sur-Yon. Il devint prince de Conti à la mort de son frère aîné en 1685. Il s'illustra par sa valeur à Steinkerque et à Nerwinden. Le grand Condé, qui lui avait servi de tuteur, « touché des grâces et du mérite du jeune prince, le traitait comme son fils » (Désormeaux, *Histoire de Louis de Bourbon, prince de Condé*, Paris, Desaint, 1768, t. IV, p. 483). Saint-Simon, qui fait le plus grand éloge de François-Louis de Bourbon, dit même que Condé « ne se cachait pas d'une prédilection pour lui au-dessus de ses enfants ». Il mourut en 1709. — Cf. l'*Oraison funèbre de... François-Louis de Bourbon, prince de Conty*, prononcée dans l'église de Saint-André des Arcs, sa paroisse, le 21e de juin 1709, par le P. Massillon... Paris, R. Mazières, 1709, in-4 (Bibl. Nat., Ln^{27}, 4828); — *Description de la pompe funèbre faite dans l'église de Saint-André des Arcs à la mémoire de François-Louis de Bourbon, prince de Conty..., avec des mémoires historiques sur toute la vie de ce prince, pour servir d'explication aux devises et aux peintures employées dans les ornements de la pompe représentée en deux grandes planches en taille douce*, Paris, R. Mazières, 1709, in-4 (Bibl. Nat., Ln^{27}, 4826); — *Oraison funèbre de... François-Louis de Bourbon, prince de Conty*, faite par M. Gérou..., Montpellier, H. Pech, 1709, in-4 (Bibl. Nat., Ln^{27}, 4829).

(2) *Archivio*, mscr. 27.

L'abbé d'Estrades.

Jean-François d'Estrades, connu sous le nom de l'abbé d'Estrades, était le fils aîné du maréchal d'Estrades. Il fut abbé de Moissac, et ambassadeur à Venise, puis à Turin.

En 1678 l'abbé d'Estrades procéda à l'arrestation du comte Mattioli, ministre du duc de Mantoue, qui avait promis de livrer Casal à Louis XIV moyennant finances et n'avait pas tenu sa promesse. Ce Mattioli fut, dit-on, le « masque de fer », ou plutôt, comme le remarque très judicieusement Sainte-Beuve, « l'un des masques de fer ; car il est probable qu'il y en eut plusieurs » (1).

Vers ce même moment, il arriva qu'un noble Piémontais, le marquis Dronero, avait été mêlé aux négociations d'un mariage qui, d'ailleurs, devait manquer. Ambassadeur extraordinaire de Savoie en Portugal, il y avait célébré les fiançailles du duc Victor Amédée avec l'infante de Portugal. « De retour à Turin, il fut apostrophé en plein palais, en pleine Cour, par l'ambassadeur de Louis XIV, comme accusé d'avoir mal parlé de la France et d'être entré en liaison avec ses ennemis. L'abbé d'Estrades, après avoir salué la duchesse mère, allant droit au marquis Dronero, lui signifia à brûle-pourpoint devant tous le mécontentement du roi, son maître. L'infortuné marquis tomba du coup sans connaissance : ce fut une exécution. Toute la noblesse s'émut de cette scène blessante : la duchesse elle-même ne put s'empêcher de se plaindre de n'avoir pas été prévenue. Seul, le jeune duc garda

(1) Sainte-Beuve, *Nouveaux lundis*, Paris, Calmann Lévy, 1885, t. VII, p. 403-404.

un visage impassible, écouta avec calme les explications de l'abbé d'Estrades, et lui dit qu'il était persuadé de la justice des motifs qui avaient causé le mécontentement du roi contre le marquis Dronero (1). »

L'abbé d'Estrades devait mourir en 1715 à Chaillot, « où sa pauvreté, dit Saint-Simon, lui avait fait louer une maison depuis bien des années pour y vivre à meilleur marché et en retraite... Il avait été ambassadeur, mais il s'y étoit fort endetté. Il vécut fort exemplairement et fort solitairement à Chaillot. Ses dettes étoient presque toutes payées. Il avoit l'abbaye de Moissac et dix mille livres de pension sur les abbayes de l'abbé de Lyonne. On auroit pu se servir fort utilement de lui, mais on ne vouloit que des gens qui pussent et voulussent bien se ruiner, et non pas de ceux qui s'étoient déjà ruinés dans les ambassades (2). »

Monseigneur,

Bien que je n'ose prendre souuent la liberté de faire souuenir Vostre Eminence de l'attachement véritable que j'ay pour elle, je conserue une si forte reconnoissance de toutes les bontez qu'elle m'a fait paroistre en diuerses occasions que je n'en perdray jamais aucune de luy tesmoigner à quel point je suis sensible et auec quelle ardeur ie souhaitte que le Ciel comble V. Em^ce de toute sorte de prospérités. Elle est si honorée et dans une si grande eleuation qu'on ne sçauroit luy désirer rien de plus considérable que d'en jouir une longue suite d'années. Ce sont, Monseigneur, les vœux très sincères que je fais tous les jours de ma vie, et je proffitte auec joye de l'occasion des saintes festes de Noel et du renouuellement de l'année pour supplier V. Em^ce d'auoir la bonté de mettre les assurances de mes très hum-

(1) Sainte-Beuve, *Nouveaux lundis*, Paris, Calmann Lévy, 1879, t. VII, p. 84-85.

(2) Saint-Simon, *Mémoires*, édition Chéruel, Paris, Hachette, t. VII, p. 314, chap. xxv.

bles respects et de ma profonde soumission aux pieds de Sa Sainteté et d'estre persuadée que je seray toujours avec plus de respect et de vénération que personne du monde,

Monseigneur,

De Votre Éminence

Le très humble et très obéissant seruiteur,

L'ABBÉ D'ESTRADES.

A Turin, le 30me
de Décembre 1679 (1).

COMTE DE BERTON-CRILLON.

La lettre suivante est du comte de Berton-Crillon, viguier d'Avignon. Le Viguier était, dans le Conseil de cette ville, le représentant du Pape. Le comte de Berton-Crillon exerçait ces fonctions quand les troupes françaises s'emparèrent, en septembre 1688, d'Avignon et du Comtat Venaissin qui appartenaient au Saint-Siège. Les autorités françaises le remplacèrent tout d'abord par M. Vitalis d'Aix, mais il fut bientôt rétabli comme viguier par ordre du roi (2) :

Monseigneur,

Je viens de receuoir des mains de Monsieur le V^{ce} legat les patentes dont V. E. a bien voulu m'honorer pour la charge de viguier de cette uille. Comme cet employ me uient immédiatement de V. E., je le reçois auec bien des sentiments de respect et d'obligation ; j'espere par ma conduitte et par l'attachement particulier que j'ai eus toute ma vie pour le St Siege et pour V. E. de ne me rendre pas indigne de l'honneur qu'elle me fait, la suppliant très humblement de

(1) *Archivio*, mscr. 31.
(2) P. Charpenne, *Histoire des réunions temporaires d'Avignon et du Comtat Venaissin à la France*, Paris, Calmann Lévy, 1886, t. I, p. 287.

m'accorder son auguste protection et de me croire auec un profond respect,

Monseigneur,

De V. E.

Le tres humble et tres obeissant seruiteur

LE COMTE DE BERTON CRILLON.

Auignon, ce x may 1688 (1).

LE CARDINAL D'ESTRÉES.

César d'Estrées, né le 5 février 1623, avait été licencié en théologie dès l'année 1650, et bientôt après (1653) fait évêque de Laon. Il fut l'un des plus actifs négociateurs de la prétendue paix de l'Eglise et, en récompense, il fut, en 1671, nommé cardinal, bien qu'il ne dût être déclaré tel qu'en 1672. Il fut adjoint au duc d'Estrées, son frère, notre ambassadeur à Rome, et reçut ensuite plusieurs missions diplomatiques à Rome, en Bavière où il négocia le mariage du Dauphin, et en Espagne, où il suivit Philippe V. En 1681, il résigna son évêché à Jean d'Estrées, son neveu. Il mourut en 1714 dans son abbaye de Saint-Germain-des-Prés. Il était de l'Académie française, et aimait les gens de lettres (2).

(1) *Archivio*, mscr. 22.

(2) Cf. sur le cardinal d'Estrées, Rapin, *Mémoires*, t. III, p. 53 et *passim*; Primi Visconti, *Mémoires*, publiés par Jean Lemoine, Paris, Calmann Lévy, s. d., p. 217 et *passim*; Marquis de Saint-Maurice, *Lettres sur la cour de Louis XIV*, publiées par Jean Lemoine, Paris, Calmann Lévy, s. d., t. I et II, *passim*, et en particulier, t. II, p. 632; *Mémoires de Godefroi Hermant*, t. II, IV, V et VI, *passim*; *Mémoires de Saint-Simon* édition Cheruel, Paris, Hachette, 1908, t. II, III, et VII, *passim*; Sainte-Beuve, *Port-Royal*, Paris, Hachette, éd. in-12, t. V,

Saint-Simon, en faisant mention de sa mort, fait de lui un fort grand éloge : « C'était l'homme du monde le mieux et le plus noblement fait de corps et d'âme, d'esprit et de visage, qu'on voyait avoir été beau en jeunesse, et qui était vénérable en vieillesse, l'air prévenant, mais majestueux, de grande taille, des cheveux presque blancs, une physionomie qui montrait beaucoup d'esprit, et qui tenait parole, un esprit supérieur, et un bel esprit, une érudition rare, vaste, profonde, exacte, nette, précise, beaucoup de vraie et de sage théologie, attachement constant aux libertés de l'Eglise gallicane et aux maximes du royaume, une éloquence naturelle, beaucoup de grâce et de facilité à s'énoncer, nulle envie d'en abuser, ni de montrer de l'esprit et du savoir, extrêmement noble, désintéressé, magnifique, libéral, beaucoup d'honneur et de probité, grande sagacité, grande pénétration, bon et juste discernement, souvent trop de feu en traitant les affaires... » Aux termes de ce panégyrique on comprend que le cardinal d'Estrées s'est montré hostile aux jésuites, favorable aux jansénistes, et d'un gallicanisme farouche.

La lettre que l'on va lire a été écrite par le cardinal le 13 avril 1677, au camp de Cambrai où, arrivant de Rome, il était allé de suite trouver le roi. C'était au surlendemain de la victoire de Cassel. Le duc d'Orléans qui investissait Saint-Omer, avait vu s'avancer pour délivrer cette place le prince d'Orange à la tête de qua-

p. 591 et t. VI, p. 305 ; Pellisson et d'Olivet, *Histoire de l'Académie française*, édition Livet, Paris, Didier, 1858, t. II, p. 34 et *passim* ; Charles Gérin, *Louis XIV et le Saint-Siège*, Paris, Lecoffre, 1894, t. II, p. 429 et suiv.; Emmanuel de Broglie, *Mabillon et la Société de l'Abbaye de Saint-Germain des Prés à la fin du dix-septième siècle*, Paris, Plon, 1888, t. I et II, *passim* ; *Bernard de Montfaucon et les Bernardins*, Paris, Plon, 1891, t. I et II, *passim*.

rante mille hommes. Il marcha contre lui, le rencontra près de Cassel, lui tua trois mille hommes, lui fit quatre mille prisonniers, lui prit soixante et un drapeaux, et, après l'avoir mis en pleine déroute, vint continuer le siège de Saint-Omer qui capitula le 19 avril. Louis XIV voulait aussi s'emparer de Cambrai pour tenir tout le cours de l'Escaut. Assiégée le 22 mars, cette place se rendit le 18 avril.

Le cardinal d'Estrées était rentré à Paris le 24 avril suivant, car, en ce même jour, Charpentier le félicita au nom de l'Académie française.

Monseigneur,

J'attendois à tous momens la prise de la citadelle de Cambray pour faire partir le courier Manchini que S. M. a trouué bon qu'on renuoyast auec cette importante nouuelle, mais celle de la bataille que Monsieur donna hier et qu'il gaigna vers Cassel contre toutes les forces que le prince d'Orange et le D[e] de Vilhermosa auoient pu rallier d'Espagne et de Hollande, rendant la conqueste de cette place et de celle de St Omer encore plus infaillible et auec des circonstances plus auantageuses, nous ne differerons pas l'expedition de ce courrier à M. le Duc d'Estrees qui luy fera part de la relation que je luy addresse par laquelle Elle connoitra que jamais il n'y a eu une victoire plus complete et plus signalée. Voilà la prédiction que Sa Sainteté fit aux Espagnols accomplie sur leur fausse résistance à la suspension : mais en apprenant de si grands et si admirables succez et si bien deus à la justice et à la valeur des armes de ce glorieux monarque, elle n'aura gueres moins de joye que ses plus passionnez sujets quand elle sçaura que parmy des euenemens si surprenans et parmi tous les mouuemens qui doiuent flatter le cœur d'un jeune et d'un grand conquérant, elle n'est pas moins sensible à ceux que sa piété et sa bonté luy inspirent et que Sa Béatitude tâche d'animer, autant elle peut, en luy par ses exhortations paternelles. J'ay esté témoin dans les premiers momens de cette nouuelle que ses dispositions pour le repos de la Chrestienté et pour la paix de l'Europe ne sont point changées, et qu'il ne songe pas moins a se seruir de ses victoires pour procurer ce bien inestimable à l'uniuers que pour les accroistre par de nouuelles conquestes. Je ne doute pas que les entrailles si saintes et si tendres du Pape ne soient pénétrées de joye et d'admiration en connoissance de tels sentimens dans S. M. qui tiennent du prodige comme ses autres actions, et qu'il n'avoue que toutes les benédictions du Ciel ne soient deuës à un si grand prince, et que toutes les grâces dont Dieu a mis la disposition entre les mains de son vicaire ne peuuent être mieux employées que pour recompenser une si rare vertu.

J'entreprendrois sur la fonction de M. le Duc d'Estrées si je représentois à V. E. auec quels sentimens et demonstrations d'amour, de respect filial et de vénération S. M. a receu tout ce que Sa Béatitude m'a chargé de luy dire de sa part, et sur tous les articles. Je me remets donc aux témoignages que M. l'Ambassadeur luy en rendra, et je me contenteray de luy dire que ce qui luy vient de la part de ce s[t] Pape luy est si agréable et en telle considération qu'il m'a donné des audiances aussi longues dans son camp qu'il auroit pu faire dans le plus grand loisir qu'il aura jamais, s'il est capable d'en avoir quelque part, quoyque tout ce qu'on m'auoit écrit de son actiuité, de sa vigilance, de ses fatigues et de sa preuoyance dans le commandement de ses armées, dont il est en gros et en détail l'âme et l'unique moteur, n'approche pas de ce que j'en ay remarqué depuis douze jours que j'ay l'honneur de le voir et de l'obseruer depuis le matin jusqu'au soir.

J'ay rendu conte à S. M. très exactement des saints entretiens du Pape sur tous les articles qu'il m'auoit prescrit, auxquels le Roy concourra, autant que les conjonctures le permettront, d'une maniere qui fera bien voir que Sa Sainteté a raison de mettre après Dieu sa plus grande confiance dans le zele et les vertus de cet incomparable Monarque. Une telle nouuelle charmera sans doute un aussi grand ministre et aussi zélé pour la gloire du S. Siège et du Pontificat que V. E., mais je suis assuré qu'elle ne sera pas moins touchée quand je luy diray combien S. M. a estimé les nouueaux temoignages qu'elle luy a donnés par moy de son profond respect et de son attachement à son seruice et combien, en louant les vertus admirables de Sa Béatitude et ce degré de détachement de toute sorte d'intérêts temporels digne du siècle des Apôtres, il a loué la justesse et l'honnesteté de son choix dans la place dont Elle a honoré V. E. auprès de sa personne. J'espère, Monseigneur, etre bientost en etat d'aller rendre conte plus particulierement à S. S. des choses que je ne peux dire qu'en gros, et de renouueller moy meme à V. E. les protestations de respect, de la passion et de la cordialité auec lesquelles je seray eternellement,

Monseigneur,
De Votre Eminence
le tres humble, tres obeissant et
tres passionné seruiteur.

LE CARDINAL D'ESTREES.

Au camp de Cambray
ce 13 avril 1677 (1).

LOUIS FERRAND.

Louis Ferrand naquit à Toulon le 3 octobre 1645. Il commença ses études dans sa ville natale et les acheva à Lyon où il apprit l'hébreu et d'autres langues orientales. Il se rendit à Paris à l'âge de vingt ans et fit ensuite un voyage à Mayence pour travailler à une traduction du texte hébreu de la Bible. Ce projet n'ayant pas réussi, il revint en France, étudia le droit, prit ses degrés à l'université d'Orléans et se fit recevoir avocat au Parlement de Paris. Il était trop occupé de ses projets littéraires pour fréquenter assidûment le barreau. Le président de Mesmes l'engagea à faire tourner ses talents à l'utilité de la religion. Il suivit ce conseil, publia

(1) *Archivio*, inscr. 29

quelques ouvrages de controverse et en fut récompensé par une pension du clergé qui fut augmentée par la suite. Ferrand mourut à Paris, dans de grands sentiments de piété, le 3 mars 1699, à l'âge de cinquante-trois ans.

On a de lui :

— *Paraphrases des sept psaumes pénitentiaux.* C'est son premier ouvrage ; il le composa à l'âge de dix-neuf ans.

— *Conspectus seu Synopsis libri hebraici qui inscribitur : Annales regum Franciae et regum domus Othomanicae,* Paris, 1670, in-8. C'est une lettre adressée à l'abbé de Bourzeys.

— *Réflexions sur la religion chrétienne.* Tome Ier, contenant les prophéties de Jacob et de Daniel sur la venue du Messie. Tome IIe, contenant quatre discours, le 1. sur l'ancien Sénat de la Judée, et des juridictions qui en dépendent ; le 2. des Prosélytes ; le 3. des Paraphrases chaldaïques ; le 4. de l'année des Juifs... Paris, 1679, 2 vol. in-12 ; Paris, Mariette, 1701, 2 vol. in-12. Cet ouvrage est celui qui mérita à l'auteur une pension du clergé.

— *Liber psalmorum cum argumentis, paraphrasi et annotationibus,* Paris, 1683, in-4 ; Paris, 1691 ; Paris, Delaulne, 1701, in-4.

— *Traité de l'Église contre les hérétiques, et principalement contre les calvinistes,* Paris, 1685 ; 2e édition, 1686, in-12. C'est à cause de ce *Traité* que le clergé de France, fort content de cet ouvrage, augmenta de deux cents livres la pension de huit cents livres qu'il lui avait accordée en 1680.

— *Réponse à l'Apologie pour la Réformations, les réformateurs et les réformez,* Paris, 1685, in-12. C'est une réponse à l'ouvrage de Jurieu.

— *Psaumes de David en latin et en françois selon la Vulgate,* Paris, 1686, in-12.

— *Lettre à Mgr l'évêque de Beauvais sur le monachisme de saint Augustin,* dans le *Journal des Savants,* 30 août et 6 septembre 1688.

— *Discours où l'on fait voir que saint Augustin a été moine,* Paris, 1689, in-12.

— *Summa biblica, seu dissertationes prolegomenicae de Sacra Scriptura,* Paris, 1690, in-12. C'est le premier volume d'un ouvrage qui dévait en avoir huit. Il a été réimprimé en 1701, in-12, sous ce titre : *Dissertationes criticae de hebraea lingua, Origene, Hieronymo, Scripturarum divinitate.*

— *De la connoissance de Dieu,* Paris, 1706, in-12, ouvrage posthume.

« Ferrand, dit Dupin, avait beaucoup d'érudition ; il savait les langues et avait lu l'antiquité ; mais il accable son lecteur de citations assez mal choisies, soigne peu son style et ne se montre pas toujours grand dialecticien. »

Par les deux lettres suivantes au Pape et au Cardinal Cybo, Louis Ferrand fait hommage de son édition commentée des Psaumes, *Liber Psalmorum* :

I

Reuerendissimo atque eminentissimo Sanctae Romanae Ecclesiae Cardinali et Episcopo Tusculano Alderano Cibo Ludovicus Ferrandus, Advocatus Parisiensis, aeternam felicitatem.

Triennium est quum te, Cardinalis eminentissime, mei in Psalmos consilii participem feci et nonnullos tecum communicavi versus ex quibus judicare de toto opere posses. Consilium meum tibi non fuisse injucundum Eminentia Vestra per literas 15 Maii 1680 datas significare mihi dignata est; iisque literis scribendi alacritatem mihi addidit. Suscepto labore nuper fui perfunctus; statimque meas partes esse intellexi ut commentarios nostros Eminentiae vestrae mitterem. Ad eam lubentissime adeunt, et praeclare secum agi credent si tam clari, tam docti Cardinalis testimonio fuerint ornati. His ego commentariis elucubrandis operae plurimum studiique consumsi; sed mei me laboris non poenitebit si eos abs te, Cardinalis eminentissime, probari cognovero. Vulgatam Psalmorum versionem pro virili parte defendi; eoque potissimum spectavi ut Ecclesiae laudi servirem. Quod ut consequerer, Psalmodiae Davidicae historiam et contextum diligenter indagavi : sic habens persuasum Vulgarem nostram tum demum vel ipsorum haereticorum assensu comprobatum iri si cum historia consentiret, et cohaerentes inter se sensus exhiberet. Utraque res eo majus momentum ad Ecclesiae gloriam mihi videbatur quod probe sciebam Genebrardum (1), Bellarminum (2), aliosque magni nominis viros qui Vulgatae patrocinium susceperant, ejus rationibus parum prospexisse eo quod eventus qui componendorum Psalmorum locum dederant, minus bene exploratos habuissent, et versuum connexionem vel omisissent vel infeliciter plerumque tentassent. Summi, quos nominavi, homines, in utroque aut saltem in alterutro peccantes, haereticos certioribus argumentis coarguere vix poterant, quum nullus fere reperiatur textus cui sensus non insit, aliquis si ad historiam vel ad contextum non exigatur. Utriusque ego rationem habui non parvam et, nisi mea me fallit opinio, nullus posthac futurus est vir prudens qui Tridentinum de Vulgata decretum non

(1) Genebrard a donné une édition des *Psalmi Davidis, calendario hebraeo, syro, graeco-latino, argumentis et commentariis genuinum eorum sensum, hebraismosque locupletius quam antea aperientibus*, Paris, 1577, in-8; 2e édition, Paris, P. L'Huillier, 1582, in-8.

(2) Roberti Bellarmini, ex Societate Jesu, Presbyteri Cardinalis, *Explanatio in Psalmos*, Romae, 1611, in-4. — Nous avons de ce livre l'*editio novissima, ab innumeris mendis et omissionibus ex collatione diversorum adinvicem exemplarium repurgata*, Parisiis, apud Claudium Josse, via Jacobaea, sub signo Columbarum, 1664.

suspiciat (1) et haereticos non damnet. Lutetiae Parisiorum, 24 Julii 1683 (2).

II

Beatissimo Patri Summoque Pontifici Innocentio undecimo Ludovicus Ferrandus, advocatus Parisiensis, aeternam felicitatem.

Meum de religione Christiana opusculum (3) Sanctitas vestra tam benigne olim excepit ut Psalmorum commentarios a me scriptos mittere ad ipsam nunc ausim. Multo sudore opus perfeci, sed laborum meminisse juvabit si eos Sanctitas Vestra probet, meque aliquantulum Ecclesiae utilitatem attulisse credat. Ego sane omni ope atque opera enixus sum ut Ecclesiae commodis servirem, totusque ad ipsius gloriam spectavi. An scopum assequutus fuerim, Sanctitas Vestra judicabit. Interim post humillima pedum oscula, Deum etiam atque etiam rogabo ut te, beatissime Pater, omni virtutis genere florentem atque ad reipublicae Christianae gubernacula tanto applausu sedentem, integrum incolumemque perdiu servet, et perennibus tandem gaudiis beet in cœlo. Luteciae Parisiorum, 25 Julii 1683 (4).

M. de Forbin-Janson.

Toussaint de Forbin de Janson, de la maison des marquis de Janson en Provence, était né en 1625. Destiné à l'ordre de Malte, il en avait dès le berceau reçu la croix ; mais sa vocation l'ayant porté vers l'état

(1) On sait que la qualification d' « authentique » a été décernée à la Vulgate par le Concile de Trente, *session IV*. Louis Ferrand a traité de la question de la Vulgate dans ses *Dissertationes criticae*, Paris, Delaulne, 1701, p. 452.

(2) *Archivio*, mscr. 23.

(3) Les *Réflexions sur la religion chrétienne*.

(4) *Archivio*, mscr. 23.

ecclésiastique, il fit les études convenables pour suivre cette carrière, et prit les ordres. L'évêque de Digne, Raphael de Boulogne, le demanda et l'obtint du roi pour son coadjuteur. Les bulles en furent expédiées à l'abbé de Janson sous le titre d'évêque de Philadelphie, et il fut sacré en cette qualité le 14 mai 1656. Il prit en 1658 possession du siège de Digne qu'il gouverna pendant dix ans. Au commencement de l'année 1662, le roi le nomma à l'évêché de Marseille. Devenu par ce nouveau titre membre des états de Provence, il y développa des talents qui n'échappèrent pas à Louis XIV. Ce prince l'envoya d'abord en ambassade auprès de Cosme III, grand-duc de Toscane, que ce prélat parvint à réconcilier avec la grande duchesse Marguerite-Louise d'Orléans, son épouse. Quelque temps après, Louis XIV le nomma son ambassadeur extraordinaire à la diète de Pologne, alors réunie pour l'élection d'un roi. On sait combien la diversité des prétentions et la chaleur des partis rendaient ces assemblées orageuses, et la diète était menacée d'une scission ; l'évêque de Marseille sut si bien ménager les esprits qu'aidé du palatin de Russie, il fit élire le grand maréchal de la couronne, Jean Sobieski, déjà renommé par de hauts faits d'armes et pour avoir écrasé les Turcs à la journée de Choczin (1). Louis XIV, dès le mois d'octobre 1677, avait proposé pour le cardinalat M. de Forbin-Janson, et le nouveau roi de Pologne reconnut, en 1679, les services que lui avait rendus le prélat diplomate en disposant de son droit de présentation à la pourpre romaine en faveur de l'ambassadeur de France. Il n'en fut pourtant revêtu,

(1) Charles Gérin, *Recherches historiques sur l'assemblée du Clergé de France de 1682*, Paris, Lecoffre, 1870, p. 297.

après de nombreuses instances de Louis XIV (1), que le 23 février 1690, sous Alexandre VIII envers qui le nouveau cardinal ne se montra pas fort reconnaissant (2).

En 1679, Louis XIV l'avait fait passer de l'évêché de Marseille à celui de Beauvais, comté-pairie (3), et l'avait, en 1689, nommé commandeur de l'ordre du Saint-Esprit. La cour de France était depuis plusieurs années en discussion avec celle de Rome, tant au sujet de la régale qu'à cause des quatre articles de la déclaration du clergé, arrêtée dans l'assemblée de 1682. Plusieurs députés du second ordre, membres de cette assemblée, avaient été nommés à des sièges vacants et n'avaient point leurs bulles ; près de quarante églises étaient veuves, et cet état de choses devenait de jour en jour plus affligeant. Le roi, songeant enfin à y porter remède, jugea le cardinal de Janson propre à lever tous les obstacles, et il l'envoya à Rome, chargé de cette mission ; mais la mort d'Alexandre VIII, arrivée le 13 août 1691, ne permit pas de suivre les négociations déjà entamées. Elles furent reprises sous le pape Innocent XII à l'élection duquel le cardinal de Janson avait concouru, et heureusement terminées en 1693 par ses soins et par ceux du cardinal d'Estrées. Le roi, satisfait de la conduite du cardinal de Janson, le laissa à Rome pour y traiter les affaires de France. Il y était encore en 1700 à la mort d'Innocent XII. Il assista au conclave où fut élu Clément XI, auprès duquel il con-

(1) Voyez les lettres qui précèdent de Louis XIV, en date du 7 octobre 1677, du 21 août 1679 et du 3 décembre 1686.

(2) Cf. Gérin, *Louis XIV et le Saint-Siège*, Paris, Lecoffre, 1894, t. II, p. 600, note 3.

(3) Voyez la lettre de Louis XIV, précédemment reproduite, en date du 21 août et du 25 octobre 1679.

tinua de résider pendant plusieurs années. La grande aumônerie de France étant venue à vaquer en 1706 par la mort du cardinal de Coislin, Louis XIV la donna au cardinal de Janson, déjà pourvu de bénéfices considérables par la libéralité du monarque.

N'étant encore qu'évêque de Digne, il avait condamné, dans son synode, l'*Apologie des casuistes* et composé une censure contre ce livre (1). Ceux qui l'en avaient loué, ne furent cependant pas contents dans la suite, et lui reprochèrent de ne pas marcher, à Beauvais, sur les traces de M. de Buzanval, son prédécesseur, et d'écarter les jansénistes qui avaient eu la confiance de ce prélat (2). « Il mourut à Paris, le 24 mars 1713, à la suite d'une longue maladie, étant âgé de 88 ans, et doyen des évêques de France. Son corps fut porté à Beauvais, et inhumé dans sa cathédrale où une épitaphe honorable rappelait ses services (3). »

« M. de Forbin-Janson, dit Saint-Simon, a dit plus d'une fois aux ministres romains et au Pape même que, quelque flatté qu'il fût de sa pourpre, il se tenait

(1) *Mémoires de Godefroi Hermant*, t. IV, p. 244-245 : « Dieu avait mis dans le cœur de M. l'évêque de Digne la même aversion contre cette pernicieuse Apologie et, de peur qu'elle n'infectât son peuple, il la foudroya par *une* censure... »

(2) Cf. *Mémoires du P. Rapin*, t. III, p. 443 : « Ce fut par l'empire absolu que [Tristan, Levesque et Hermant] avoient pris sur l'esprit [de M. Choart de Buzanval, évêque de Beauvais,] qu'ils gâtèrent ce diocèse d'une manière que le successeur, de Forbin, tout sage et vigilant qu'il étoit, eut tant de peine à y rétablir la religion, qu'ils y avoient presque ruinée par la suppression presque générale de l'usage des sacremens. »

(3) Lécuy, article *Janson (Toussaint de Forbin de)*, dans la *Biographie universelle* de Michaud, t. XX, p. 553.

plus honoré de l'épiscopat que du cardinalat et que son chapeau ne lui tenait à rien. » Les lettres suivantes nous montrent combien l'ambition du cardinalat l'avait préoccupé et combien il n'avait pas toujours tenu le langage que lui prête Saint-Simon. D'après l'abbé Legendre, les rieurs de la Cour appelaient Forbin-Janson le *cardinal Bontemps,* « parce que Bontemps, valet de chambre et favori de Louis XIV, avait par ses bons offices, contribué autant que personne, peut-être même davantage, à l'élévation de Janson. » Il y a dans le ton de la correspondance de ce cardinal ultra-gallican quelque chose de très insincère, d'obséquieux, voire de servile :

I

Monseigneur,

Je suis pénétré de joye d'apprendre l'exaltation de N. S. P. Innocent xi et il paroit visiblement que c'est la main de Dieu qui ait voulu donner à son église affligée un Pape d'une si grande saincteté et d'une prudence si consommée. Il y a longtemps que mes vœux et mes prieres s'adressoient à Dieu pour cela; ma joye est d'autant plus grande, Monseigneur, que je say la satisfaction extraordinaire que le roy, mon maitre, aura de cette glorieuse élection, et je vois d'ailleurs les vœux de leurs majestés polonoises accomplis; elles ne peuuent assez pour cela temoigner leur satisfaction. Sa Saincteté vient de commancer son sainct Pontificat par le très digne choix de la personne sacrée de V. E. pour estre secretaire d'Etat et son premier ministre, et donne cette éclatante marque du zele qu'elle a pour le bien de l'Eglise et de son tres judicieux discernement. Personne, Monseigneur, n'y prend une part plus sansible que moy et par la veneration que j'ay toujours eue pour le grand mérite de V. E., par touttes les graces que i'en ay receuës et par la protection dont je say qu'elle m'a honoré. Je n'ose, Monseigneur, parler en rien presantement à V. E. de mes interests (1). Il me suffit qu'ils soient dans les mains genereuses de V. E., qu'elle ait la bonté de croire tout ce que Mgr le Cardinal d'Estrées luy dira sur ma reconnoissance et sur l'attachement fidelle et respectueux auec lequel ie seray toute ma vie,

Monseigneur,
De V[re] Eminance
le tres humble, tres obeissant et
tres obligé seruiteur.
T. (2), Euesque de Marseille.

En Russie, le
14 oct. 1676 (3).

II

Monseigneur,

Le Roy de Pologne (4) continuant de me donner des marques essantielles de sa bonté par la suplication tres humble qu'il fait à Sa Sainteté et par les lettres qu'il luy ecrit et à Votre Eminance pour notre éléuation au Cardinalat, j'ose demander à V. E. de la manière du monde la plus respectueuse et la plus soumise la continuation de l'honneur de sa puissante protection qu'il luy a plu de me donner. Je suis tres persuadé, Monseigneur, que rien ne peut tant contribuer à la consommation de cet ouurage que l'apuy et la protection que V. E. me donnera et come je reconnois que je ne puis esperer une grace si singuliere que de sa seulle generosité,

(1) « Mes intérests », c'est la promotion au cardinalat sur laquelle revient avec une insistance extrême M. de Forbin-Janson dans les missives suivantes.

(2) Toussaint, tel était le prénom de M. de Forbin-Janson.

(3) *Archivio*, mscr. 16.

(4) Jean III Sobieski mourut en 1696, à Wilanow, près de Varsovie. Le château de Wilanow appartient aujourd'hui au comte Branicki. La chambre où mourut Jean Sobieski a été transformée en chapelle par la comtesse Alexandre Potocka. (Cf. Elisée Reclus, *Nouvelle géographie universelle*, Paris, Hachette, 1886, t. V, p. 417; la Duchesse de Rohan, *Les Dévoilées du Caucase*, Paris, Calmann Lévy, s. d., p. 13.)

je la luy demande auec une protestation sincere que je luy fais d'en auoir toutte ma vie une parfaite reconnoissance et qu'elle trouuera en moy tout ce dont monsgr. le Cardinal d'Estrées l'a assuree, qui est qu'elle aura une creature entierement attachee à sa personne et dependante de ses ordres. C'est une vérité, Monseigneur, dont je suis tout pénétré et dont je supplie V. E. de vouloir être bien persuadée aussi bien que de la veneration singuliere et profonde auec laquelle je suis,

Monseigneur,
De Votre Eminance
le très humble, très obéissant et très
obligé seruiteur.
T., Euesque de Beauuais.

A Zolkiew (1), en
Russie, le 5e nou[embre]
1676
Mgr le C[al] Cibo (2).

III

Monseigneur,

Quand je n'aurois pas un si grand interest que celluy que j'ay veritablement à la conservation de la santé de Votre Eminence et à tous ses auantages après tant et de si essantielles obligations que je luy ay, ie ne laisserois pas de luy souhaitter auec les bonnes festes non seullement qu'elles luy soient heureuses, mais que toutte sa uie soit suiuie d'un continuel

(1) Zolkiew, sur la Swinia, tributaire de la Rata, ville de la Russie rouge qui était une partie de l'ancien royaume de Pologne. Il s'y trouve une église gothique qui renferme les tombeaux des familles Sobieski et Zolkiewski, et un ancien château qui fut la résidence du roi de Pologne, Jean Sobieski. Cette ville est maintenant un chef-lieu de cercle et de district de la province austro-hongroise de Galicie. Elisée Reclus orthographie : *Zlociow*.

(2) *Archivio*, mscr. 16.

bonheur et qu'elle obtienne un jour de la justice, qui luy est deuë, la recompanse de ses grands mérites. Je say, Monseigneur, que dans la multitude des grandes et importantes affaires dont Votre Eminance est occupée, ie ne dois pas abuser de son temps qui est si pretieux au public pour la fatiguer par une longue letre. Ainsi, apres luy auoir souhaitté une éternité de bonheur, ie finiray celle cy, Monseigneur, par la supplication tres humble et tres respectueuse que je fais à Votre Eminance de vouloir me continuer la puissante protection dont elle m'honore, d'etre persuadée de toutte la reconnoissance dont je puisse être capable, et que je suis auec une vénération, également profonde et soumise,

Monseigneur,

De Votre Eminance
le tres humble, très obéissant et très
obligé seruiteur,

T., Euesque de Marseille.

En Russie, le 2e
décembre 1676 (1).

IV

Monseigneur,

J'apprens par Monseigneur le Cardinal d'Estrées les essantielles obligations que j'ay à Votre Eminance dont je suis uiuement touché, n'ayant jamais rien mérité auprès d'elle, mais je vois bien qu'elle veut donner des marques éclatantes de sa generosité, et je puis l'assurer, Monseigneur, que si je suis assez heureux qu'elle veuille m'élever au Cardinalat, elle peut absolument compter sur moy comme sur la plus fidelle et la plus soumise de ses creatures et que je trauailleray toutte ma vie à luy en donner des marques ueritables. J'espère que Monsgr le Cardinal d'Estrées qui connoit le fonds de mon cœur, sera ma caution aupres de Votre Eminance et qu'elle sera egalement persuadée de cette

(1) *Archivio*, mscr. 16.

uérité et de toutte la veneration sincere et profonde auec laquelle je suis et seray toutte ma uie,

Monseigneur,

De Votre Eminance

Le tres humble, tres obeissant et

tres obligé seruiteur,

T., Euesque de Marseille.

En Russie,

le 4 decembre

1676 (1).

V

Monseigneur,

J'aprens de la copie d'une lettre que M. le nonce Martelly m'a enuoyée de M. le Nonce Bonuisi (2) la bonté que le Pape auoit eüe de lui ordoner de faire des instances à la Cour de Vienne pour me faire obtenir le rétablissement de mes passeports. Quelque persuadé que je sois de tout le soin paternel que Sa Sainteté prend même pour les moindres choses qui peuuent contribuer à la paix générale de tous les princes chrestiens et que le comerce honeste de la liberté du passage soit un acheminement pour y paruenir, néanmoins je reconnois, Monseigneur, que je deuray à Votre Eminence celle qui me sera procurée par les offices du ministre de Sa Sainteté. Ainsi je luy en suis tres sensiblement obligé et luy en rens un million de tres humbles grâces. Dès que j'auray receu de Vienne la liberté de mon passage, je reprendray en même temps mon voyage que je n'auois discontinué qu'auec le plus grand déplaisir du monde et feray le plus de diligence que je pourray pour arriuer bientot aupres du Roy et passer ensuite en mon Diocèze.

Après auoir renouuellé icy, Monseigneur, à Votre Eminence les assurances de mon profond respect et l'auoir

(1) *Archivio*, mscr. 16.

(2) Il s'agit sans doute de François Bonvisi, nommé évêque de Lucca le 7 septembre 1690, puis cardinal. Il mourut le 25 août 1700.

assurée qu'elle n'aura jamais de créature qui lui soit plus soumise que moy, elle agréera bien que je la supplie, comme je fais, de la manière du monde la plus respectueuse de vouloir me continuer l'honneur de sa puissante protection pour l'acheuemeut de ma grande affaire qui sera son ouurage. Je tâcheray aussi, Monseigneur, de faire connoître à Votre Eminence par toutes les actions de ma vie que je suis à elle auec un très parfait attachement et une très vive reconnoissance pour une si grande grâce que je reconnois sincèrement n'auoir point méritée et que je ne puis l'espérer que de sa grande générosité. J'ose néanmoins la demander très humblement à V. E., Monseigneur, auec tout le respect que je dois, la supliant de croire que je fais des vœux continuels au Ciel pour sa conservation et que je je suis avec une très profonde soumission et une vénération très particulière,

Monseigneur,

De Votre Éminence le tres humble,

très obéissant et très obligé seruiteur

T., Euesque de Marseille

En Prusse, le 18 juin 1677 (1).

VI

Monseigneur,

Je say bien que le haut et sublime rang que Votre Eminence tient dans l'église de Dieu et que la maniere si généreuse et si sainte auec laquelle elle l'a touiours soutenu, luy attireront dans ces saintes festes des assurances de vénération et de respect de tout ce qu'il y a de personnes considérables dans le monde ; mais je la puis assurer qu'il n'y en aura point qui s'acquite de ce devoir auec tant d'ardeur et tant de sincérité que moy. J'ay de si grandes obligations, Monseigneur, à Votre Eminence, et elle m'a accordé sa protection auec tant de bonté qu'il n'y a rien au monde que je souhaitte auec tant de passion que de pouuoir lui témoigner combien j'en ay de sentimens de reconnoissance. Je m'es-

(1) *Archivio*, mscr. 29.

time extrêmement heureux d'etre la creature d'une personne qui, toutte puissante qu'elle est, a beaucoup moins de pouuoir que de mérite et qui fait par la sagesse et la douceur de sa conduite qu'on aime en elle ce qu'on ne fait ordinairement que soufrir dans les autres et qu'on souhaitte sa dépendance comme on souhaitteroit l'autorité. Je supplie, Monseigneur, très humblement Votre Eminence de me cōtinuer l'honneur d'une si douce et si puissante protection et d'être persuadé que moins je la mérite et plus j'en serois touché, que plus elle témoignera de générosité et plus j'en auray de reconnoissance et qu'il ne tiendra jamais à moy que le monde ne sache que je suis auec plus d'attachement et de respect cōme aussi auec plus d'obligation et de iustice que nul autre,

Monseigneur,

De Votre Eminence

le tres humble, très obéissant et très obligé seruiteur,

T., euesque de Marseille.

Marseille, le xi
Décembre 1677 (1).

VII

Monseigneur,

J'ay receu auec un tres profond respect et une extreme reconnoissance la lettre que Votre Eminence m'a fait l'honneur de m'ecrire ensuite de celle qu'elle auoit receue de Sa Majesté. Une aussi forte et aussi puissante protection qu'est celle du Roy auprès de V. E. ne me permet pas de douter qu'elle ne m'accorde la sienne, et la protection de V. E. auprès de Sa Sté ne me permet pas aussi de douter que Sa Sté ne me soit favorable ; tout cela, Monseigneur, me fait espérer que Sa Sainteté accordera bientôt une grâce demandée par deux Roix si glorieux, de qui l'Eglise reçoit tous les jours de si grands auantages et de qui elle en peut receuoir encore de plus grands, et soutenue fortement par une per-

(1) *Archivio*, mscr. 29.

sonne dont toute l'Eglise admire la sagesse et la conduite, et qui mériteroit si bien ces sortes de grâces elle-même. Je suis persuadé, Monseigneur, que si je suis assez heureux pour receuoir bientôt cet honneur, j'en auray toute l'obligation à V. E. Elle peut aussi être bien persuadée qu'il n'y a rien au monde que je ne fasse pour luy en témoigner ma tres humble et tres vive reconnoissance. Elle n'aura iamais aucune creature plus fidellement attachée à tous ses intérêts et plus soumise à tous ses ordres et je la seray, Monseigneur, si fort et si sincèrement que, quelque auantage qu'elle peut me procurer, je m'estimerois malheureux si je ne pouuois luy donner un jour des marques de mon zèle, de ma recônoissance, de ma fidelité côme aussy du respect et de la vénération profonde auec laquelle je suis,

Monseigneur,

de Votre Eminence
le tres humble, très obeissant et tres
obligé seruiteur.
T., Euesque de Marseille,

A Marseille, le xi
décembre 77 (1).

VIII

Monseigneur,

J'ay une veneration si profonde pour la personne sacrée de Votre Eminence, j'ay une admiration si véritable pour touttes les sublimes qualités dont Dieu l'a reuêtue, et d'ailleurs j'ay des obligations si essantielles aux bontés et à la générosité de V. E. que je ne dois pas seullement, Monseigneur, en ce saint temps de Noel, luy souhaiter les bonnes festes, mais je fais selon mon deuoir et mon inclination des vœux tres ardens au ciel afin que Dieu conserue une longue suite d'années V. E. qui fait la gloire et l'ornement de l'Eglise, laquelle reçoit des auantages si solides et si considérables de sa très prudente et éclairée conduite. Il ne me reste, Monseigneur, qu'à rendre de très humbles grâces à V. E. de la puissante protection dont elle m'honore et de la suplier d'auoir la bonté de me la continuer, luy protestant qu'elle

(1) *Archivio*, mscr. 29.

n'aura iamais de créature plus dévouée et plus reconnoissante et sur la fidélité de laquelle elle puisse plus seurement compter et je seray jusques au dernier soupir auec un sincere attachement et un très profond respect,

Monseigneur,

De Votre Eminence

Le tres humble, très obéissant et très obligé seruiteur,

T., Euesque de Marseille.

Paris, le 2 décembre 1678 (1).

IX

Monseigneur,

Vostre Eminence me permettra de luy temoigner la joye sensible que j'ay de l'entier retablissement de sa pretieuse santé qui est si utile et si auantageuse à l'Eglise uniuerselle et par dessus ces sentimens generaux, j'en ay, Monseigneur, de si particuliers par les bontés extraordinaires que Votre Eminence a pour moy et par la puissante protection dont elle m'honore que j'ay fait des vœux ardens au Ciel pour sa conseruation et j'ay fait faire pour cela des prieres à Dieu de tous côtés. Je suplie, Monseigneur, tres humblement V. E. d'etre persuadée qu'elle aura toujours en moy une creature fidelle et reconnoissante, et qu'il n'est rien que je ne fasse pour me rendre digne de ses grâces et de la continuité de sa protection, esperant tout de sa seulle main toutte puissante et je seray toujours auec une veneration toute particuliere

Monseigneur,

De Votre Eminence

le tres humble, tres obeissant et tres obligé seruiteur,

T., Euesque de Marseille.

A St Germain le 24 Mars 1679 (2).

(1) *Archivio*, mscr. 18.
(2) *Archivio*, mscr. 32.

X

Monseigneur,

J'ay receu tant de témoignages obligeans des bontés de Votre Eminence que je croirois de manquer au respect et à la reconnoissance que je luy ay voués si je ne me donnois l'honneur de luy faire part moi même d'un bienfait que je viens de receuoir du Roy par sa nomination à l'euêché de Beauuais. La grâce est d'autant plus considérable qu'elle m'a été accordée du pur mouuement de Sa Majesté qui, sans nulle demande de ma part, a eu la bonté de jetter les yeux sur moy pour remplir un éuêché aussi important que celluy ci où à la dignité de Pair de France se trouue joint un grand reuenu, à une petite journée de Paris. S. M., quand j'eus l'honneur de l'en remercier, me fit entendre qu'elle auoit été bien aise de trouuer cette occasion de m'aprocher de sa personne, espérant que je serois mieux en état de luy rendre seruice. J'ose me flater, Monseigneur, que V. E. voudra bien prendre part à la joye que j'ay de receuoir des marques si éclatantes de l'estime et de la confiance d'un si grand Roy, car j'auoue que je suis plus sansible à la maniere honeste dont il luy a pleu d'accompagner son présent qu'au presant même; quelque grand qu'il soit, je conterois pour un tres grand auantage si en me donnant lieu d'aprocher de plus près S. M., il me donnoit lieu aussi de rendre quelque seruice à V. E. Je la suplie très humblement de croire que je n'en perdrai jamais l'occasion et qu'il ne s'en est jamais passé de rendre les témoignages qui sont deus au grand mérite de V. E. que je n'aye embrassé auprès de S. M. que je trouve toute remplie d'estime pour elle. Persone, Monseigneur, ne sauroit estre plus pénétré de ses grandes et belles qualités que je le suis ni plus reconnoissant de l'honneur de sa protection dont je luy demande la continuation. Elle m'est si nécessaire, Monseigneur, que, n'ozant espérer que de V. E. seule ce qui peut acheuer de rendre ma fortune parfaite, je me fais un plaisir par auance de pouuoir me dire un jour sa creature la plus deuouée, en quoy je ferai consister ma plus grande gloire. Au reste, Monseigneur, comme je ne veux tenir que de V. E. touttes les graces que j'ay à demander à Rome, je la suplie tres humblement de m'accorder ses bons offices et dans l'obtention de mes Bulles et pour les avoir sans payer les fraix ordinaires, ce que je souhaiterois plutot par hôneur que par intérêt, mais en cecy ny en autre chose on n'agit que suiuant les mouuemens qu'il plaira à V. E. d'inspirer. C'est aussi d'elle seule encore une fois que je veux tenir ces grâces et touttes les autres que j'auray jamais à demander à Sa Sainteté. M. l'Ambassadeur de Pologne peut luy témoigner que je ne m'épargne pas à luy procurer tous les bons offices que je puis luy rendre en cette cour, il m'a meme empesché d'aller à Arles vers mon métropolitain y faire ma profession de foy pour ne point le quiter dans l'etat présant de ses poursuites, esperant que je ne luy seray pas inutile, j'entreuoie que ses affaires n'iront que mieux s'il plaît à Sa Sainteté de donner au Roy quelque marque de la consideration qu'elle fait de ses prières. Je suis persuadé que Mgr le Cardinal d'Estrées et M. l'ambassadeur auront fait connoitre à Sa S[té] et à V. E. à quel point S. M. continue de souhaiter l'accomplissement de ma grande affaire dont je regarde V. E. comme le premier mobile qui peut le mener à sa perfection. Du moins je souhaite de luy en auoir l'obligation tout entière. J'espère aussi que Mgr le Cardinal d'Estrées àura eu la bonté de témoigner à V. E. auec quel plaisir nous parlons icy d'elle et combien je fais profession de luy être acquis et deuoué. Je vous suplie très humblement, Monseigneur, d'être bien persuadé qu'on ne sauroit être auec un plus profond respect ni une plus parfaite reconoissance que je le seray toutte ma vie,

Monseigneur,

De votre Eminence le tres humble,
très obeissant et tres obligé seruiteur
T., Euesque de Marseille

A Paris, le 21 août
1679 (1).

XI

Monseigneur,

Je n'ay pas de paroles assez fortes pour pouuoir témoi-

(1) *Archivio,* mscr. 31.

gner à Votre Eminence tout ce que je sens pour tant et tant de grâces et d'obligations essantielles dont elle vient de me combler sur le sujet de l'expédition des Bulles de l'éuêché de Beauuais. Quand je fais réflexion, Monseigneur, qu'une personne de la grande naissance dont est V. E., et du rang illustre qu'elle tient auec tant de gloire, aye voulu entrer dans le détail de mes plus petits interests comme dans les plus grands, j'en suis dans une confusion extrême. Quand je considère que V. E. a porté Sa Sainteté par son habileté et son crédit à me faire l'honneur extraordinaire de me proposer elle-même de m'accorder la plus grande partie du gratis de mes bulles, d'auoir eu la bonté d'employer sa bouche sacrée à parler à quelques uns de Messrs les Cardinaux pour me fauoriser à son exemple et que V. E. même ayet (1) encore voulu parler au Sacré Collège pour mes interests, ce sont, Monseigneur, des excès de genérosité sans exemple. Non seulement je n'ay pas de paroles pour en témoigner ma gratitude, mais toutes les actions de ma vie employées au seruice de V. E. ne sauroient elles reconnoitre tout ce que je luy dois et cette aplication continuelle que V. E. a pour l'acheuement de ma grande affaire en ôtant tous les obstacles qui pouuoient lui nuire ou la retarder et employant son crédit, ses soins et ses lumières pour en auancer et en assurer le succès, toutes ces choses, Monseigneur, me lient si fort à V. E. qu'elle peut me regarder comme la créature la plus fidèle qu'elle aura, et être assurée que mon cœur, mes seruices, et mon obéissance ne luy manqueront jamais. J'ai rendu un compte exact au Roy de tout ce que V. E. a fait pour moy et de tout ce qu'elle fait continuellement, dont Sa Majesté a été très satisfaite, ainsi que M. de Pompone le tesmoignera de sa part à V. E., et ce ministre en a en son particulier obligation à V. E par l'intérêt qu'il prend à ce qui me touche, et lorsque V. E. aura fini son ouurage, je seray encore plus en etat de luy tesmoigner ma reconnoissance en tout ce qui pourra arriuer à l'auenir pour son seruice, son eleuation, sa gloire et ses interests, et ceux de son illustre maison auxquels je seray attaché toutte ma vie auec le dernier zèle. Dans cette confiance, Monseigneur, j'ose demander à V. E. la continuation de sa puissante protection pour

(1) *Sic*, pour « *ayt* ».

mettre la dernière main à ce qu'elle a si heureusement commencé ; je ne saurai même luy rendre assez de grâces de la lettre obligeante qu'elle m'a fait l'honneur de m'écrire, et je suis auec un attachement et une vénération profonde,

Monseigneur,

De Votre Eminence
le très humble, très obéissant et
très obligé seruiteur,
T., Euesque et C. de Beauuais.

A Paris, le 20 octobre 1679 (1).

XII

Monseigneur,

Je crois qu'il est de mon deuoir de faire sçauoir à Vostre Eminence que le Roy, après la uisite que j'ay fait de mon diocèsé, m'a fait l'honneur de me choisir pour retourner pour quelques mois en Pologne en qualité de son ambassadeur extraordinaire. Je puis assurer V. E. que dans ce voyage je ne suis chargé de la part de Sa Majesté que de seconder ses saintes intentions et les pieux desseins de Sa Sainteté pour le bien de la chrestienté (2) ainsi que M. le Duc d'Estrées l'aura sans doute fait sauoir à V. E. et que mon voiage finira auant la fin de l'année, afin que je puisse reuenir prendre le soin de mon Dioceze ou je puis, Monseigneur, assurer V. E. que j'ay trauaillé auec toute l'aplication qui a peu dépendre de moy. V. E. agreera que je luy demande la continuation de sa puissante protection, et que je la suplie d'être persuadée que je suis véritablement pénétré de touttes les bontés dont elle me comble, que je ne puis les reconnoitre

(1) *Archivio*, mscr. 31.

(2) Il semble qu'il s'agisse ici, comme dans la lettre suivante, de la lutte contre les Turcs que Jean Sobieski allait battre aux portes de Vienne en 1683. Forbin-Janson qu'Innocent XI, au dire de l'abbé Le Gendre, n'appelait jamais que *le prélat turc*, n'avait pas toujours eu des sentiments si décidés contre la Porte. Pour s'en convaincre, on n'a qu'à lire les fragments de lettres qu'il adressait en 1674-75 à Nointel, cités par Gérin dans ses *Recherches historiques sur l'Assemblée du Clergé de France*, Paris, Lecoffre, 1870, p. 297 et suiv.

que par un attachement inuiolable à tous ses interests et par le respect et la soumission auec laquelle je seray toutte ma vie,

Monseigneur,
De Votre Eminence
le tres humble, tres obeissant
et très obligé seruiteur,
L'euesque de Beauuais.

A Paris, le 19 juillet 1680 (1).

XIII

Monseigneur,

J'ay receu auec le respect et la veneration que je dois, le bref de notre Saint Père et la letre dont Votre Eminance m'a honoré et dont je suis comblé. Je la puis aussi asseurer d'une parfaite et sincère reconnoissance et qu'elle aura toujours en moy une creature bien assurée. Les majestés polonoises m'ont fait sauoir la maniere obligeante auec laquelle V. E. a eu la bonté de leur escrire encore sur mes interests, dont je ne saurois assez la remercier. M. le Nonce Pallauicini me rend justice, comme je le dois attendre de sa probité, il pouroit assurer N[tre] St Pere et V. E. de mon aplication sincere pour tout ce qui peut regarder la guerre contre l'ennemy commun et pour tâcher par là de seconder les pieuses intentions de Sa S[té]. J'ose, Monseigneur, demander à V. E. la continuation de sa puissante protection, me flatant qu'elle acheuera enfin son ouurage dont j'espère qu'elle n'aura jamais lieu de s'en repantir, puisque je seray toutte ma vie sans reserue et auec un attachement inuiolable et respectueux,

Monseigneur,
De Votre Eminence
le tres humble, tres obeissant et
obligé seruiteur
T., Euesque de Beauuais.

A Varsouie,
le 2 Mars
[16]81 (2).

(1) *Archivio*, mscr. 18.
(2) *Archivio*, mscr. 20.

XIV

Monseigneur,

Votre Eminence m'a comblé de tant de grâces et d'une protection si grande que je dois redoubler mes vœux dans ce saint temps des festes de Noel pour la conseruation et la prospérité de mon bienfaiteur, et je dois joindre ces sentimens particuliers à ceux que tout le monde doit auoir pour la personne de V. E. puisqu'elle doit estre considérée comme le soutien de l'Eglise uniuerselle. Je suplie très humblement V. E., Monseigneur, de me regarder comme sa créature pleine de reconnoissance et qui sera jusques au dernier soupir, auec un attachement tres respectueux et une soumission très profonde,

Monseigneur,
De Votre Eminence
le tres humble, tres obeissant et tres
obligé seruiteur,
T., Euesque et C. de Beauuais,

A Zulkiew en Russie,
le 19 nov. 1680 (1).

XV

Monseigneur,

Je prens la liberté de témoigner ma joye à Votre Eminence sur la promotion que le Pape vient de faire d'un si grand nombre de sujets dignes de la pourpre et qui sont en état de seruir l'Eglise auec tant de lumière et de piété. J'ay esté retenu quelque temps en cette ville par une fieure qui m'y a surpris dont je suis grâces à Dieu entièrement déliuré et je parts demain pour retourner en France où je voudrois bien estre honoré des commandements de V. E. Cependant j'ose, Monseigneur, luy demander la continuation de l'honneur de ses bonnes graces et de sa puissante protection,

(1) *Archivio*, mscr. 18.

espérant tout en elle. Je puis aussi l'assurer de ma fidelle reconnoissance et qu'elle n'aura jamais de créature plus attachée à sa personne et à ses interests, et je serai iusques au dernier soupir auec une veneration tres profonde,

Monseigneur,
De Votre Eminence
Le tres humble, tres obeissant et très
obligé seruiteur,
T., Euesque de Beauuais.

A Ratisbonne,
le 25 sept[bre] [16]81 (1).

HUET.

Pierre Daniel Huet naquit à Caen le 8 février 1630. Il fit dans sa jeunesse, en 1652, un voyage en Suède qu'il a écrit en vers latins, et pendant lequel il explora les trésors littéraires de ce pays. A son retour en France, il fonda l'Académie de Caen et, comme il s'était déjà fait connaître par plusieurs ouvrages d'une rare érudition, il fut adjoint à Bossuet en 1670, en qualité de sous-précepteur pour l'éducation du Dauphin. Ce fut alors qu'il traça le plan et dirigea l'exécution des belles éditions latines *ad usum Delphini*. Il fut reçu de l'Académie française en 1674 et obtint, en 1678, l'abbaye d'Aulnay près de Caen. Il fut pourvu en 1685 de l'évêché de Soissons qu'il échangea, qu'il « troqua », dit assez disgracieusement Saint-Simon (2), contre celui d'Avranches en 1689. Il se démit de son évêché en 1699 pour avoir plus de temps à donner à l'étude, et se retira à la maison professe des jésuites de Paris

(1) *Archivio*, mscr. 19.
(2) *Mémoires de Saint-Simon*, éd. Chéruel, Paris, Hachette, 1908, t. XI, p. 378.

où il passa les dernières années de sa vie, et à qui il laissa sa riche bibliothèque (1). Il mourut en 1721, à quatre-vingt-onze ans (2).

Ses principaux ouvrages sont :

— *De interpretatione libri duo, I. De optimo genere in-*

(1) Sur la bibliothèque de Huet, cf. Léopold Delisle, *Le Cabinet des manuscrits*, t. II, p. 305 ; Ménorval, *Les Jésuites de la rue Saint-Antoine*, p. 80, n. 3 ; l'avertissement mis en tête du *Catalogue des livres de la Bibliothèque de la maison professe des ci-devant soi-disans jésuites*, Paris, 1763, in-8 ; le *Catalogus manuscriptorum codicum collegii Claromontani quem excipit Catalogus Mss. Domus professae Parisiensis*, Paris, 1764, in-8.

M. Charma, professeur à la Faculté des Lettres de Caen, a jadis publié le testament olographe de Huet, en date du 16 mai 1716, dans le *Bulletin de la Langue, de l'Histoire et des Arts de la France*, t. Ier, p. 195.

(2) Parmi les multiples références que l'on pourrait indiquer sur Huet, signalons seulement celles-ci : la savante note de M. Urbain dans la *Correspondance de Bossuet*, Paris, Hachette, 1909, t. I, p. 208 ; Restout, *Eloge historique de M. Huet*, avec des notes historiques et critiques, Liège et Paris, G. Valleyre père, 1770, in-12 (Bibl. nat., Ln[27], 9941) ; F.-A. de Gournay, *Huet, sa vie et ses œuvres*, avec des extraits et documents inédits, Caen, Hardel, 1854, in-8 ; l'abbé Flottes, *Etudes sur Daniel Huet*, Montpellier, F. Seguin, 1857, in-8 ; Christian Bartholmess, *Huet, évêque d'Avranches ou le scepticisme théologique*, Paris, 1850, in-8 ; Pellisson et d'Olivet, *Histoire de l'Académie française*, Paris, Didier, 1858, t. II, p. 348-369 et *passim* ; Michault, *Mélanges historiques et philologiques*, Paris, Tilliard, 1754, t. I, p. 45, et t. II, p. 27 et *passim* ; Sainte-Beuve, *Causeries du lundi*, Paris, Garnier, s. d., t. II, p. 163 et *passim* ; Julien Travers, *Le bréviaire de P.-D. Huet*, Caen, Hardel, 1858, in-8 ; Georges Vicaire, *Table générale du Bulletin du Bibliophile*, Paris, Henri Leclerc, 1907, au mot Huet, p. 203. ; l'abbé Ch. Urbain, *La Bibliothèque de P. Daniel Huet*, dans le *Bulletin du Bibliophile*, 1910, p. 133 ; *Lettres inédites de Huet à son neveu, M. de Charsigné*, publiées par M. Gasté, et *Lettres inédites de Gisbert Cuper à P. Daniel Huet et à divers correspondants*, publiées par M. Léon-G. Pélissier, dans les *Mémoires de l'Académie nationale de Caen*, 1900 et années suivantes ; Gaston Lavalley, *Les poésies françaises de Daniel Huet*, Paris, Dentu, s. d., etc.

terpretandi. II. De claris interpretibus, Paris, 1661, in-4.

— *Origenis in sacras Scripturas commentaria, quaecunque graece reperiri potuerunt...* Rouen, J. Berthelin, 1668, 2 vol. in-fol.

— *De l'origine des romans*, Paris, 1670, in-12.

— *Animadversiones in Manilium et Scaligeri notas*, Paris, 1679, in-4.

— *Demonstratio evangelica*, Paris, Etienne Michallet, 1679, in-fol.

— *Censura philosophiae Cartesianae*, Paris, Hortemels, 1689, in-12.

— *Quaestiones Alnetanae de concordia rationis et fidei*, Caen, 1690, in-4.

— *Traité de la situation du paradis terrestre*, Paris, Anisson, 1691, in-12.

— *Nouveaux mémoires pour l'histoire du cartésianisme*, Paris, 1692, in-12.

— *Carmina*, grecs et latins, Paris, 1694; Utrecht, 1700, in-8; Paris, 1709 et 1729, in-12 (1).

— *Origines de Caen*, Rouen, 1702, in-8.

— *Histoire du commerce et de la navigation des Anciens*, Paris, 1716, in-12.

— *Traité de la faiblesse de l'esprit humain*, Paris, 1722, dont Huet avait fait une traduction latine qui a été imprimée à Amsterdam en 1738, in-8 et in-12, sous le titre de *De imbecillitate mentis humanae* (2).

De son vivant, l'abbé de Tilladet a publié des *Dis-*

(1) Il y a dans ces poésies latines de Huet une épigramme latine très élégante à propos de la mort de Molière, *in obitum Joan. Bapt. Poquelini Molerii, comicorum et comoedorum suae aetatis facile principis* que l'on trouvera dans les *Poetarum ex Academia gallica qui latine, aut graece scripserunt, carmina*, Parisiis, Boudet, 1738, p. 113.

(2) F. Comte en a donné une traduction anglaise : *Weakness of human understanding*, Londres, 1725, in-8.

sertations sur diverses matières de religion et de philologie, Paris, François Fournier, 1712, 2 vol. in-12, qui sont presque entièrement de Huet.

Huet avait rédigé un recueil de pensées et de notes que l'abbé d'Olivet a publié en 1722, in-12, sous le titre de *Huetiana,* chez Jacques Estienne (1).

Huet a laissé des mémoires qui ont été publiés sous ce titre: *Petri Danielis Huetii, episcopi Abrincensis, commentarius de rebus ad eum pertinentibus,* La Haye et Amsterdam, 1718, in-12 (2).

La première et la seconde des lettres qui suivent sont adressées au cardinal Cybo et au Pape Innocent XI afin de présenter et d'accompagner des exemplaires de la *Demonstratio evangelica.* Dans la troisième, Huet se plaint de n'avoir au bout de six mois reçu aucune réponse au sujet de ces « hommages », et profite de l'expression de ces doléances pour solliciter le *gratis* complet de ses bulles de l'abbaye d'Aulnay à laquelle le roi vient de le nommer.

I

Celsissime Princeps,

Mitto ad te librum a me nuper in lucem editum, quo

(1) A voir encore sur Huet : *Instruction de la doctrine chrestienne, ou catéchisme imprimé par l'ordre de Mgr l'illustrissime et révérendissime M.* Pierre Daniel Huet, *Evesque d'Avranches, pour estre seul enseigné par tout son diocèse,* Avranches, Motays, 1673, in-12 ; — *Diane de Castro,* Paris, Guérin, 1728, in-12 ; — *Les Anténors modernes, ou voyages de Christine et de Casimir en France pendant le règne de Louis XIV : esquisse des mœurs générales et particulières du dix-septième siècle, d'après les mémoires secrets des deux ex-souverains, continués par* Huet, *évêque d'Avranches,* par Publicola Chaussard, Paris, Buisson, 1806, 3 vol. in-8.

(2) Ces mémoires ont été traduits en anglais par John Aikin, Londres, 1810, 2 vol. in-8, et en français par Charles Nisard, Paris, Hachette, 1853, in-8.

Christianae Religionis dignitatem asserere, et Serenissimum Delphinum accuratiore ejus notitia imbuere, ad ejusque patrocinium more majorum suorum suscipiendum accendere propositum habui. Id an consecutus sim, ostendet dies, pio quidem animi mei desiderio satisfeci, et quae me ad amplectendam Christi fidem, si inter barbaras gentes et a dogmate nostro alienas natus essem, compellere etiam reluctantem, et subigere poterant, his alios permoueri posse existimaui. Nunc autem cum postulat officii mei ratio, ut opus hoc in Ecclesiae defensionem lucubratum subjectissime ejus sistam pedibus, qui Ecclesiae ejusdem princeps et pater est, non alius mihi ad eum quaerendus fuit aditus quam per quem is laborum suorum ac vigiliarum fructus profundit in commune bonum, et cujus consiliis rem Christianam feliciter administrat. Peto igitur abs te, eminentissime Cardinalis, ut duorum quae ad te mitto, scriptionis meae exemplarium, alterum Sanctissimo Patri offeras, nostrumque munus verbis tuis et commendatione exornes, unde non parum huic confido accessurum dignationis et pretii ; alterum tibi habeas, summi mei adversum te cultus et obseruantiae monumentum. Vale, Celsissime Princeps. Prid. Non. Mart. MDCLXXIX. De Sangermano.

Celsitudini tuae

Deuotissimus,
PETRUS DANIEL HUET,
Presbyter (1).

II

Beatissime Pater,

Cum postremis hisce annis ad sanctae Religionis nostrae veritatem adversus impios tuendam et Serenissimum Delphinum in ejus propugnandae studio, et in pietate auita confirmandum, meditationes quasdam meas commendare literis, et publici juris facere instituerim, pertinere ad officium meum duxi, opus hoc demisissime tibi offerre, qui Religionis ejusdem es moderator, eamque cum summa secundum Deum potestate moderaris. Quamuis enim optimo consilio id me

(1) *Archivio*, mscr. 32.

laboris suscepisse ita mihi sum conscius ut, benigna divinae gratiae aspirante aura, aliquem inde fructum, aliquod in rem Christianam emolumentum sperare possim, longe id tamen fore confido uberius, si scriptio haec Sanctitati tuae consequar ut probetur, tuisque eam faustis precationibus prosequare. Ad pristinam vero meam in sacris literis cognoscendis atque tractandis alacritatem non mediocris fiet accessio, si me Sanctitatis tuae pedibus effusum Apostolica benedictione impertiri, conatusque meos gratia tua, benignitate et clementia juuare digneris. Atque haec quidem impetraturum me abs te spe non inani mihi spondere posse videor. Nam cum Christianam Rempublicam paterna sollicitudine ita complectaris, ut ad singulas ejus partes curas quoque tuas conferas, minime sane credibile est eorum te aspernaturum diligentiam qui in ejus confutandis aduersariis tutaque ea praestanda a gressante in dies impietate, et peruersae doctrinae corruptela, labores suos, operam, industriamque consumunt. In quibus si nomen profitear meum, haudquaquam profecto fecero arroganter, cum tot annorum studiis, studiorumque in publicum editis foetibus id mihi juris videar quaesiuissse. Deum oro et veneror, ut ad nominis Christiani decus et utilitatem diuturnae vitae usuram, etiam de nostris annis, Sanctitati tuae largiatur. Vale, aterP beatissime. Prid. Non. Mart. MDCLXXIX. De Sangermano.

Sanctitati tuae

Deuotissimus
Petrus Daniel Huetius,
Presbyter (1).

III

Celsissime Princeps,

Scripseram ad Eminentiam tuam ante sex circiter menses et literis ad te meis alias adjunxeram ad Sanctissimum Dominum nostrum Papam, cum et ad eum et ad te mitterem geminum exemplar Demonstrationis meae Euangelicae, operis in sanctae nostrae Religionis defensionem a me lucubrati, et ineunte hoc anno in vulgus emissi. Quoniam

(1) *Archivio*, mscr. 32.

autem ea erat fascis moles ut vix nancisci quemquam possem, cui tuto committeretur, familiaribus D. Pompeii Varesii, Nuntii Apostolici nuper defuncti, ad Eminentiam tuam perferendum tradidi. Quem an tandem acceperis, et Beatissimo Patri librum suum cum destinatis ad eum litteris obtuleris, plane incertus sum. Nunc vero cum Abbatiae Alnetensi in patria mea sitae Rex Christianissimus singulari sua benignitate me praefecerit, mihique jam impetrandum sit Diploma Apostolicum, ex trapezitis (1) intellexi magno id pretio esse redimendum. Quos sumtus vix certe, ac ne vix quidem, admittere potest facultatum mearum tenuitas. Denuo itaque, Eminentissime Cardinalis, te mihi interpellendum esse duxi, rogandumque ut, vel pro tua adversus Serenissimum Delphinum obseruantia, cuius erudiendi et bonis artibus informandi curam nobis ex parte Rex commisit, vel pro tuo in literas studio quas non segniter coluimus ad hanc diem, et quarum fructum omnem ad Ecclesiae utilitatem contulimus, scriptis compluribus non poenitendae operae libris, rei meae angustae oppido et exili consulas, quam tam graui impensa attritum prorsus et contusum iri sentio. Quod si auctoritate tua perfeceris ut haec nobis multa remittatur, extabit apud me ad supremum vitae diem beneficii hujus memoria, neque ulla unquam diuturnitate intercidet. Veal. XV. Cal. Sept. MDCLXXIX. Lutetia (2) Parisiorum.

Celsissime Princeps,
Eminentiae tuae
Deuotissimus Petrus Daniel Huet
Presbyter, Abbas Alnetensis designatus (3).

Dominique de Ligny.

Dominique de Ligny (4), fils de Jean de Ligny, con-

(1) *Trapezitae, arum,* ce sont les banquiers expéditionnaires en cour de Rome.
(2) *Sic.*
(3) *Archivio,* mscr. 31.
(4) Sainte-Beuve, *Port-Royal*, Paris, Hachette, 1901, in-12, t. IV, *passim*, et t. V, p. 75; Racine, *Abrégé de l'histoire de*

seiller au Parlement et maître des requêtes, et de Charlotte Séguier, sœur du chancelier, naquit en 1619. Il était le frère de la Mère Madeleine de Sainte-Agnès de Ligny qui, en 1661, fut élue abbesse de Port-Royal. Il fut d'abord grand maître des eaux et forêts. Ayant embrassé plus tard l'état ecclésiastique, il fut sacré évêque de Philadelphie, devint coadjuteur de Meaux le 9 mars 1659 et fut titulaire de ce diocèse le 16 mai suivant. Il succédait sur ce siège à son oncle, Dominique Séguier. Il était attaché au Port-Royal et l'ami d'Arnauld. Il contribua beaucoup, en 1668, à la prétendue paix de l'Eglise, et fut l'un des dix-neuf évêques signataires de la lettre à Clément XI pour obtenir cette paix. Il mourut le 27 avril 1681 (1).

Attaché qu'il était aux opinions des parlementaires et des jansénistes, M. de Ligny faisait, naturellement, la guerre aux abbayes qui prétendaient jouir d'une exemption (2), c'est-à-dire, qui affirmaient ne dépendre

Port-Royal, Paris, Société française d'Imprimerie et de Librairie, 1908, p. 189 et 269; Rapin, *Mémoires*, t. III, p. 432, 439 et 501 ; Godefroi Hermant, *Mémoires*, t. III, IV, V et VI, *passim*; Mgr Allou, évêque de Meaux, *Chronique des évêques de Meaux*, Meaux, Cochet, 1876, p. 101 ; Boulay, *Vie du vénérable Jean Eudes*, Paris, René Haton, 1908, t. III, p. 366, et t. IV, p. 343.

(1) Nous avons rencontré la mention des deux ouvrages suivants qui se rapportent à l'épiscopat de M. de Ligny :

— *Propositions sur les matières de la théologie morale qui serviront de sujet pour les conférences pastorales et ecclésiastiques qui se font dans le diocèse de Meaux.* De l'authorité de Mgr l'Ill. et Rév. Dominique de Ligny (1661 à 1668), Paris, 1661-1668, in-8.

— *Le Catéchisme du diocèse de Meaux,* dressé par le commandement de Monseigneur l'Ill. et Rév. Dominique de Ligny, Evesque de Meaux, et distribué en deux ordres de questions sur la doctrine chrétienne, Paris, Robert de la Caille, 1682, in-12.

(2) Sur l' « exemption de la juridiction des évêques », cf. un

que du Saint-Siège. On sait combien tout le parti gallican s'appliquait à diminuer en France l'autorité de la Chaire apostolique.

« Le 27 octobre 1677, le roi avait donné le brevet de Faremoutiers à Madame Marie-Constance du Blé d'Uxelles, abbesse de Saint-Menou (1) en Bourbonnais, au diocèse de Bourges, fille de Jacques du Blé, marquis d'Uxelles (2). Le monastère de Faremoutiers était alors en lutte ouverte avec l'évêché de Meaux dont il ne voulait pas reconnaître la juridiction. Il prétendait ne relever que de la cour de Rome. Madame du Blé, dès sa nomination, entra dans l'esprit de cette maison. Elle prit possession par notaire apostolique le 12 juillet. M. Mondolot, official de Meaux, fut délégué pour cette cérémonie par le Saint-Siège : « Lequel sieur « official, estant au Chapitre, fit faire lecture par son « greffier des bulles, en suitte de quoy on fit des protes- « tations de part et d'autre, tant de la part de M[r] de « Meaux pour la juridiction que de celle de Madame pour « l'indépendance, ensuitte ledit sieur official conduisit « le notaire au chœur en chantant le *Veni, creator* ; il « le fit prendre possession du siège abbatial en le tou- « chant de la main, ce qu'il fit en tous les autres lieux « réguliers. »

article tout favorable aux prétentions gallicanes dans la *Collection de décisions nouvelles et de notes relatives à la jurisprudence actuelle* de Denisart, Paris, Vve Desaint, 1771, t. II, p. 368.

(1) Saint Menou, *Sanctus Menulphus*. Cf. *Gallia Christiana* [vetus], t. IV, p. 638-639.

(2) Cf. Bibl. Nat., fonds français, mscr. 11569, f° 32; E. Jovy, *Une oraison funèbre inconnue de Bossuet*, Vitry-le-François, Tavernier, 1897, p. 13-15; Eugène de Fontaine de Resbecq, *L'abbaye royale de Faremoutiers, au diocèse de Meaux*, Paris, Furne et Cie, 1863, in-18, p. 89; E. Griselle, *Fénelon*, Paris, Hachette, 1911, p. 334, note 1, et du même, *Lettres de Bossuet révisées sur les autographes*, p. 55.

Après avoir été bénite à Paris, dans l'église des Feuillants, par Maurice le Tellier, archevêque de Reims, Mme du Blé d'Uxelles fit son entrée à l'abbaye le 21 juillet de la même année : « La communauté l'a receue à la porte de l'église avec la croix et l'eau bénite, la conduisant à l'église en chantant le *Te Deum* à la fin duquel on luy mit la crosse en main, estant assise dans le siège abbatial où chaque religieuse luy fut baiser la main et promettre obédience. »

Le procès contre l'évêque de Meaux, alors M. de Ligny, était toujours pendant. La nouvelle abbesse avait refusé le serment à M. de Ligny le jour de sa prise de possession. Le jour de son entrée, elle protesta de son indépendance en faisant visiter en sa présence la paroisse par M. Hilaire du Mas, conseiller clerc au Parlement de Paris (1).

Mme du Blé, voulant absolument se soustraire, elle et son abbaye, à la juridiction de l'évêque, prit le parti, le 27 mars de l'année suivante, de s'agréger à la Congrégation des religieux réformés de Cluny. Elle s'appuyait sur le Concile de Trente et sur l'article XXVII de l'Ordonnance de Blois qui voulait que tous les monastères exempts ou qui n'étaient point soumis à des chapitres généraux, fussent obligés de s'unir à quelque

(1) L'abbé Hilaire du Mas, docteur de la Maison et Société de Sorbonne, célèbre dans l'histoire du jansénisme par son *Histoire des cinq propositions*, Liège, Daniel Moumal, 1699, 2 vol. in-12. Par un contrat passé le 14 août 1685 devant Buon et Arouet, notaires à Paris, Boileau avait vendu « au sieur Hilaire du Mas, prestre, docteur en Sorbonne, cy devant Conseiller au Parlement, une maison scize à Paris au faubourg Saint Marcel, rue Françoise » moyennant la somme de 7000 liv. A la mort de Boileau, en 1711, Hilaire du Mas devait encore 6000 liv. sur cette maison (Vicomte de Grouchy, *Documents inédits relatifs à Boileau et à sa famille*, dans le *Bulletin du Bibliophile*, 1893, p. 186).

congrégation du même ordre. Dans l'espèce l'abbesse regardait son monastère comme exempt ; mais Mgr de Ligny ne l'entendait pas ainsi (1).

C'est à ce moment sans doute que Mme du Blé d'Uxelles sollicita très vivement de la Cour de Rome des bulles où le Saint-Siège affirmerait que Faremoutiers relevait directement de lui et n'était point soumis au pouvoir spirituel de l'évêque de Meaux.

M. de Ligny, dans une lettre au Cardinal Cybo et dans une requête qu'il prie le Cardinal Cybo de présenter au Pape, demande avec instance que Rome n'adresse point à Mme du Blé d'Uxelles des bulles qui contiennent de pareilles clauses. Voici les textes de cette lettre et de cette requête :

I

Meldis, 6 Ids. Junii 1678.

Eminentissime Domine,

Quod Vestrae supplicamus Eminentiae, ut curam atque authoritatem suam interponere dignetur, ne Ecclesiae nostrae Meldensis jura in aliquo laedantur, haec causa est : quia relatum est nobis Religiosam Dominam [du Blé] (2) Duxelles a Rege Christianissimo monasterii S^ae^ Farae, vulgo *Fare-moutier*, nostrae Dioecesis, designatam Abbatissam, saepius vehementiusque institisse ad officia curiae Romanae ut in litteris quibus de Abbatia dicta sibi prouideri requirit, aliquae uoces et nouae et communi juris disciplinae repugnantes adhibeantur ; ex quibus quamdam priuilegii rationem dicto monasterio arrogare uelle, liberamque praetexere uideatur immunitatem a plena illa et omnimoda jurisdictione qua usi hactenus sumus in Abbatiam et Monas-

(1) E. Jovy, *Une oraison funèbre inconnue de Bossuet*, Vitry-le-François, Tavernier, 1897, p. 13-16.

(2) Il y a ici un blanc dans le manuscrit.

terium dicta, sicut et Decessores nostri ante nos usi sunt. Rei huius momenta et capita singula si persequerer, et prolixum et superuacaneum foret; hoc unum assero : cauere omni juris fundamento uanum illud praetensae immunitatis specimen ; omnem erga abbatiam et monasterium Decessores nostros, et nos similiter, exercuisse jurisdictionis actum, etiam illum qui visitatione regulari ostenditur, cum priuatis singularum monialium interrogationibus in monasterii statum et viuendi rationem inquiritur; nulloue legitimo titulo, uel possessione abbatiam et monasterium tueri se posse, quominus authoritati ac regimini Meldensis episcopi subjiciantur. Ex quibus perspicuum est eidem Religiosae Dominae utilius fore, si non faueatis in eo quod optat: ei nempe, si subesse velit, tranquillitatis seruandae, ut et turbandae, si subjici dedignetur, occasionem futuram. Ut ab Eminentia Vestra id quod petimus consequamur, non adhibuimus hunc benevolentiae honorem quem nobis Eminentissimi Cardinales Retzius (1) et Bullonius (2) significant: quos si rogauissemus, hoc ipsum a te conjunctis precationibus flagitarent. Causam justitiae nixam apud vos per sese tutam, et aliis non egere precationibus aut praesidiis arbitramur. Adscititia proinde patrocinia non quaerimus ; obsecramus tantum ne in his litteris quidquam obrepere patiamini quod Ecclesiae nostrae praejudicium afferre possit. Quod si labores quibus a viginti jam annis incumbimus ad constituendam in hac Dioecesi rectae disciplinae formam, non sine felici quem a Deo consecuti sumus, euentu, aliquo vobis in loco esse mereantur, eo gratioris animi recordatione voluntati vestrae sum obstringendus quo significare me lubebit ex intimo uenerationis meae sensu, quod sim in perpetuum,

Eminentissime Domine,
humillimus et obsequentissimus seruus tuus

DOMINICUS, Ep[s] Meld[sis]

Patiatur, obsecro, Eminentia Vestra huic epistolae adjungi

(1) Le Cardinal de Retz.
(2) Le Cardinal de Bouillon.

alteram Sanctissimo Patri nostro, meque eamdem rogare ut dictam epistolam ejus Beatitudini praebeat (1).

II

Meldis, 6 Id[s] Junij 1678.

Beatissime Pater

Accepimus non ita pridem dilectam in Christo Religiosamque Virginem Dominam [du Blé] (2) Duxelles monasterii S[ti] Menulphi, Diœcesis Bituricensis, nuper Abbatissam et jam a Rege Christianissimo monasterii S[tae] Farae, vulgo *Faremoutier*, nostrae Diœcesis Meldensis, designatam Abbatissam, supplices litteras ad vestram Sanctitatem semel atque iterum iterumque direxisse quibus enixe orauit quatenus in litteris collationis uestrae seu in vestra bulla qua de Abbatia dicti monasterij S[tae] Farae a Sanctitate Vestra sibi prouideri postulat, uti certa verborum forma dignemini quae non solum nova prorsus ac insolita est, verum etiam Abbatiae dictae quoddam priuilegium et ab Episcopali nostra jurisdictione immunitatem significare uideretur. Cum vero nobis compertum sit eum esse Vestrae Sanctitatis animum, illud studium, eamque curam cordi alte inhaerentem ut non solum Ecclesiasticae disciplinae uigorem, ubi constitutus est, remitti non patiatur; uerum etiam, sicubi collapsus est, restitui ac redintegrari uelit: certum etiam indubitatumque existimauimus neque a Vestra Sanctitate neque ab iis qui de ipsius mandato litteris ejusmodi conficiendis praesunt, in tenore illarum quibus de dicta Farae-monasterii abbatia prouidebitur, quidquam expressum iri quod monasticam disciplinam quae virgines Deo sacras subjicit Episcopo, quaeque in eo monasterio hactenus peruiguit, alicuius nouitatis injuria labefactet. Antiquam illam, Beatissime Pater, Ecclesiae Meldensis in tale monasterium authoritatem, ut Sanctitas Vestra seruet illibatam, ad ejus pedes deuoluti supplicamus; rogamus, ne illustrem, ut vocat virgines S. Cyprianus, gregis Dominici (3)

(1) *Archivio*, mscr. 30.
(2) Il existe un blanc dans le manuscrit.
(3) M. de Ligny semble faire un jeu de mots à propos de son prénom de *Dominicus*.

portionem, quae sub Episcopatus mei cura et praesidio iam a viginti annis et a decem et amplius saeculis sub Praecessorum meorum regimine, Deo juvante, floruit, a proprio pastore segregari patiatur, membrano submoueri ab eo capite cui tamdiu subjacuerunt. Deus opt. max. qui te supremum ouilis sui Pastorem constituit, saluum diutius atque incolumem ad Reipublicae totius Christianae commodum profectumque praestet, quod ex animo precatur,

Beatissime Pater,

Obsequentissimus ac deuotissimus filius ac seruus tuus,

DOMINICUS, Ep[s] Meld[sis] (1).

Au mois d'août 1679, le roi donna à Saint-Germain des lettres patentes qui autorisaient la réunion de Faremoutiers à Cluny, et disaient que serait « à l'avenir ladite abbaye régie, conduite et gouvernée sous l'autorité et la juridiction des abbés de Cluny et des chapitres généraux dudit ordre ».

C'était là un succès pour Mme du Blé d'Uxelles. L'abbesse se soumettait à Cluny pour fuir la juridiction de l'évêque. Mgr de Ligny persista dans son opinion : pour lui l'abbaye n'était pas exempte, donc elle ne pouvait être agrégée à l'ordre de Cluny, donc les lettres patentes n'avaient aucune valeur. Le procès continua.

Mgr de Ligny mourut. Bossuet, qui lui succéda, poursuivit l'œuvre de son prédécesseur. Mais avec lui les parties ne tardèrent pas à s'accommoder et remirent leurs intérêts entre les mains de l'archevêque de Reims, Maurice le Tellier, qui était à la fois grand ami de Bossuet et de la famille d'Uxelles, et des évêques de la Rochelle (2) et de Beauvais. Ceux-ci ménagèrent une

(1) *Archivio,* mscr. 30.
(2) Cf. E. Jovy, *Un fils de Mme de Sablé, M. de Laval, évêque*

transaction qui fut signée le 21 février 1682 devant Le Franc et Sadot, notaires au Châtelet :

« ...C'est à savoir que ladite Dame Abbesse èsdits noms a consenti et consent d'estre, elle et lesdites Dames Religieuses, à l'avenir et dès à présent, soumises à la juridiction dudit seigneur Evêque de Meaux et de ses successeurs Evêques; sans que luy ni ses successeurs puissent s'immiscer au gouvernement du temporel de ladite abbaye, ni en prendre connoissance qu'en cas de dissipation ou de mauvaise administration, et à la charge que ledit seigneur Evêque et ses successeurs y feront seuls la visite en personne autant qu'ils le pourront. En cas d'empêchement légitime, elle y sera faite par les visiteurs qui seront donnez et instituez de trois ans en trois ans par ledit seigneur Evêque de Meaux et ses successeurs, sur la présentation de ladite Dame Abbesse et de celles qui lui succéderont. »

A la date du 14 avril suivant, le roi approuva la transaction : « Nous de nostre grâce spéciale, pleine puissance et autorité royale, avons par ces présentes signées de notre main loué, agréé, confirmé et approuvé, louons, agréons, approuvons et confirmons par lesdites présentes ladite transaction. »

C'est ainsi que se terminait peu de jours après l'avènement de Bossuet, par son influence et celle de Maurice le Tellier, la lutte déjà ancienne des abbesses et du monastère de Faremoutiers contre les évêques de Meaux.

Mme du Blé d'Uxelles mourut le 30 mai 1685, et

de la Rochelle, et Phelippes de la Brosse, Paris, Société française d'Imprimerie et de Librairie, 1916, p. 37-38.

Bossuet prononça son oraison funèbre le 16 juillet 1686, à l'abbaye de Faremoutiers (1).

Louis Maimbourg.

Louis Maimbourg était né à Nancy en 1610, d'une famille noble. Son père Erard Maimbourg, et sa mère Catherine Bertrand, se montrèrent de la plus grande générosité vis-à-vis de tous les religieux, et en particulier des Jésuites, de Nancy. Ils fondèrent la maison qu'avaient ces religieux à Saint-Nicolas-du-Port. Ils contribuèrent beaucoup à la fondation de leur Collège de Nancy et à la construction de la chapelle de ce collège. Après la mort de sa femme, Erard Maimbourg, âgé de soixante-six ans, était entré dans la Compagnie de Jésus.

Quant à Louis Maimbourg (2) il y entra le 20 mai 1626 à l'âge de seize ans. Il fit ses vœux simples « au Pont-à-Mousson », le 21 mai 1628, et ensuite les quatre vœux solennels à Bourges, le 29 mai 1644. Il fut envoyé à Rome pour étudier la théologie. Il revint en France et enseigna la rhétorique à Rouen. Peu de temps après

(1) E. Jovy, *Une oraison funèbre inconnue de Bossuet*, Vitry-le-François, Tavernier, 1897, p. 13-18; Réaume, *Histoire de Jacques-Bénigne Bossuet et de ses œuvres*, Paris, Vivès, 1869, t. II, p. 379.

(2) Cf. Dom Calmet, *Bibliothèque lorraine*, Nancy, A. Leseure, 1751, col. 619 et suiv.; quelques traits du caractère de Maimbourg dans la revue *Documents d'histoire*, 3e année, 1912, pp. 324, 328, 560, 561, 563; quelques mots sur des membres de la famille du P. Maimbourg dans l'abbé Poirier, *Metz, documents généalogiques*, Paris, Lamulle et Poisson, 1899, p. 407; le Comte A. de Mahuet, *Biographie de la Cour Souveraine de Lorraine et de Barrois et du Parlement de Nancy (1641-1790)*, Nancy, Sidot, 1911, p. 151 et *Biographie de la Chambre des Comptes de Lorraine*, Nancy, Poncelet et Berger, 1914, p. 103 et suiv.

il exerça l'office de prédicateur jusqu'en 1668, époque où il commença à se livrer à des travaux de controverse et d'histoire qui lui valurent une grande réputation.

Ayant défendu les libertés de l'Eglise gallicane dans son *Traité historique des prérogatives de l'Eglise de Rome*, il dut sur l'ordre du pape Innocent XI, sortir de la Compagnie de Jésus. Maimbourg changea fort à regret de demeure et d'habit. Après qu'il eût été renvoyé de la Société, il demeura pendant plus d'un an dans le Collège de Clermont, à Paris. Enfin il dut se retirer à l'abbaye de Saint-Victor de Paris où il vécut d'une pension du roi jusqu'à sa mort. Il mourut dans cette abbaye d'une attaque d'apoplexie, le 13 août 1686, dans le temps qu'il travaillait à une *Histoire du schisme d'Angleterre*.

L'éminent érudit qu'était Jacques Matter n'a donné de son testament qu'un texte très incomplet d'après une copie qu'il avait rencontrée à la Bibliothèque impériale de Vienne, dans les « manuscrits Hohendorf, 112, in-fol. » (1). Nous donnerons d'après une copie de la Bibliothèque nationale le texte entier de ce testament qui est, en somme, encore inédit :

Testament de l'Abbé Maimbourg,

Ex-Jésuite.

Au nom du Père, [du Fils et du Saint-Esprit, trois personnes en un seul Dieu],

Ce jourd'huy samedy 25 Décembre 1685, je soussigné Louis Maimbourg, prêtre de la Ste Eglise de Rome où j'ai reçu mon ordination, et gentilhomme lorrain de Nancy,

(1) Matter, *Lettres et pièces rares ou inédites*, Paris, Amyot, 1846, p. 339-344.

nourri, élevé et habitué en France depuis environ 63 ans et devenu par là très humble, très obéissant et très fidèle sujet du Roy, me trouvant par la grâce de Dieu en pleine et entière santé de corps et d'esprit à l'âge de 76 ans presque accomplis, declare par ce testament tout écrit de ma main, sans que personne en ait aucune connoissance, mes dernieres volontez.

1° Je veux mourir comme j'ai toujours vêcu, en la foy catholique, apostolique et romaine, que j'ai toujours soutenue de mon mieux, de vive voix, dans mes sermons et par écrit dans mes livres de controverse et dans mes histoires, sans que je sçache qu'il me soit rien échapé qui ne soit conforme à l'ancienne Doctrine de l'Eglise, désavouant et condamnant de tout mon cœur ce qu'on pourra marquer en particulier luy estre tant soit peu contraire.

2° Après avoir recommandé mon âme à Dieu, à la miséricorde duquel je l'abandonne, me confiant aux mérites infinis de Jésus-Christ auquel seul j'ai recours comme à mon unique Médiateur, par l'intercession de la Sainte Vierge, des Anges, des Saints, et de mes bons amis qui voudront bien avoir la charité de le prier pour moy, je supplie très humblement MM. les RR. PP. Chanoines Réguliers de l'Abbaye royale de St Victor (fauxbourg St Victor, à Paris) de vouloir enterrer mon corps en quelque endroit qu'il leur plaira, soit de leur cloistre, soit de leur église, et de faire pour le repos de mon âme un service comme ils ont accoutumé de le faire pour un de leurs confrères.

Pour tout le bien qui m'appartient de droit dans l'état où je suis, voici la manière dont j'en dispose :

Il est certain que les grands biens que mon Père et ma Mère qui estoient fort riches, ont donné aux Jésuites en considération de mon entrée en leur Compagnie, m'ont deü estre rendus selon toutes les Loix Divines et humaines du moment que j'en suis sorti par force de la manière que tout le monde sait ; car il est évident par la seule lumière de nature qu'un Père et une Mère ne font pas ces grandes donations qu'à condition qu'après les avoir receuës, on ne mettra pas dehors leur fils unique, en consideration duquel ils les dnt faites, et que, cette condition estant violée, toutes ces oonations sont nulles, etc., que tout ce bien me doit revenir si je n'en fais une nouvelle donation.

Cela estant ainsi, je déclare que les Pères Jésuites ont jouï plus de 50 ans de ces biens et que plus de dix ans avant la fondation du collège de Nancy par mes parens, ceux-ci ont entretenu les Pères de cette maison de pain, de vin, de viande, de linge, de couvertures et de matelats comme on le pourra voir dans leurs registres.

Maintenant, pour ce qui regarde le fond de ces fondations du Collège de Nancy et de celuy de St Nicolas, en terres, en héritages, en fermes, en maisons, en eglises, pour ne rien ôter à Dieu de ce qu'on luy a une fois donné, et pour satisfaire en mesme temps à ce qu'on doit au sang et à la nature, je fais une ample et irrévocable donation de tout cela, en quelque état qu'il se trouve après environ 50 ans de guerres, au R. P. dom Pierre d'Hoffelise (1), mon cousin germain, Prieur de la Chartreuse près de Nancy (2), et aux Religieux de cette sainte maison, qui prieront Dieu pour le repos des âmes de mon père, de ma mère, de mes sœurs religieuses et de la mienne.

Pour tout ce que je possède maintenant, qui n'est que ce peu de meubles que j'ay, mes livres et mes papiers et ce qui me reste d'argent de ce que le Roy auquel je suis infiniment obligé, a eü la bonté de me donner tous les ans pour ma subsistance, j'en fais une entière et ample donation à Pierre Rousselet, mon valet de chambre, que je fais mon légataire universel en récompense des bons et agréables services qu'il m'a toujours rendus constamment avec une exacte et inviolable fidélité, soit en faisant ma dépense du soin de laquelle j'ai été par là déchargé pour ne vaquer qu'à Dieu et à l'étude, soit en decrivant très bien mes ouvrages qu'il n'a jamais

(1) Sur la famille d'Hoffelize, cf. l'abbé Poirier, *Metz, Documents généalogiques*, Paris, Lamulle et Poisson, 1899, p. 325 ; le comte A. de Mahuet, *Biographie de la Cour Souveraine de Lorraine et Barrois (1641-1790)*, Nancy, Sidot, 1911, p. 117.

(2) La Chartreuse de Bosserville, près de Nancy, fondée par le Duc Charles IV de Lorraine par lettres-patentes du 13 janvier 1666. « Bosserville est situé sur la rivière de Meurthe, à l'occident, entre Nancy et Saint-Nicolas, presque à égale distance de ces deux lieux. C'est là où Charles IV a reçu la sépulture en 1717 » (Dom Calmet, *Histoire ecclésiastique et civile de Lorraine*, Nancy, Jean-Baptiste Cusson, 1728, col. 738-740).

voulu communiquer à personne à mon insceu, quoy qu'on luy ait offert pour le corrompre; c'est ce qui m'oblige à luy laisser tout ce que j'ay à ces conditions :

1° Qu'il payera ce qu'il faut pour le service qu'on fera pour moy, simplement, comme pour un pauvre prestre et aux moindres frais qu'il se pourra, conformément à l'état où je suis de pauvre ecclésiastique.

2° Que puisque, mourant pauvre, en cet état du depuis ma sortie des Jésuites, je n'ai jamais eu aucun fonds ni bénéfice, je ne puis rien laisser aux pauvres de l'hôtel Dieu comme je l'eusse souhaité, ledit Pierre Rousselet que j'ai toujours reconnu fort enclin à faire l'aumône du peu qu'il auoit, en fera de ce que je luy laisse quelque petite à sa volonté pour faire prier Dieu pour moy, esperant que Dieu, par son infinie miséricorde, se contentera de ma bonne volonté, et quelques uns de mes amis voudront bien suppléer à ce défaut, en faisant dire pour moy quelques messes, comme je les en conjure de tout mon cœur;

3° Quant à ce qui est deü de ses gages à Chatillon, mon laquais, il luy donnera une honneste récompense, selon le temps qu'il aura été à mon service.

4° Qu'il présentera de ma part à M[rs] le Grand Prieur et Chanoines Réguliers de l'Abbaye Royale de St Victor dont je connois la générosité et le parfait désintéressement tous mes ouvrages in-12 et in-4° à leur choix, les priant d'avoir pour agréable ce peu que je leur offre en reconnoissance de la bonté qu'ils ont eu de me recevoir chez eux et de m'avoir traité comme ils ont fait avec beaucoup de charité.

5° Qu'il présentera aussi de ma part mon petit crucifix de bronze à Mr Morel, Conseiller du Roy et Maistre de sa Chambre aux Deniers (1), pour luy rendre ce petit témoignage

(1) M. Daniel Morel, *dit* le grand Morel, conseiller au bailliage de Vitry-le-François, échevin de cette ville en 1650, puis maître de la Chambre aux deniers, était entré dans les affaires à Paris. Il était devenu l'intendant du cardinal de Fürstemberg et avait acquis une fortune considérable. Il fonda, en 1675, à Vitry-le-François un hôpital, avec dotation de huit lits, qu'il confia aux Frères de la Charité (ou de Saint-Jean-de-Dieu). La façade de l'église de cet hôpital restaurée subsiste encore avec le millésime de 1691. Le cœur du fondateur, décédé le 12 avril 1697,

des grandes obligations que je luy ay et les tres humbles actions de grâces que je luy dois, comme aussi à Mad[e] Morel, sa femme, et à M[rs] les deux Conseillers au Parlement, ses fils(1), de l'amitié particulière dont ils m'ont toujours honoré.

et celui de sa femme étaient déposés en cette église dans des « cœurs » métalliques. Ces reliques furent transportées dans la chapelle de l'hôpital général de Vitry-le-François auquel la maison des Frères de la Charité fut réunie en 1791. Les portraits peints de ces bienfaiteurs y furent aussi transférés. Cf. Dr Valentin, *Notice historique et chronologique sur l'ancien palais royal et l'ancien hôtel de ville de Vitry-le-François*, Vitry-le-François, Bitsch, 1867, p. 32, note 1 et l'*Echevinage de Vitry-le-François de 1603 à 1789*, dans les *Mémoires de la Société des Sciences et Arts de Vitry-le-François*, t. I, p. 187 ; E. Jovy, *Les Exercices dramatiques et littéraires et les distributions de prix au Collège royal des PP. de la Doctrine chrétienne de Vitry-le-François*, dans les *Mémoires* de cette même société, t. XVII, p. 440 ; de Vaveray, *L'Election de Vitry-le-François*, Paul Bouserez, Tours, 1878, p. 219 et 540.

(1) L'abbé Jean Morel avait acheté en 1674 une charge de conseiller en Parlement et avait été pourvu en 1676 de l'abbaye de Saint-Arnould de Metz où existait une branche des Morel de Champagne (cf. l'abbé Poirier, *Metz, Documents généalogiques*, Paris, Lamulle et Poisson, 1899, p. 457). Grâce à Colbert de Saint-Pouange dont il était le compagnon de plaisir, il entra dans la diplomatie, et fut envoyé en 1681 comme résident auprès du duc de Mantoue et comme ambassadeur extraordinaire à Vienne en 1685. Il accompagna à Rome le cardinal de Fürstemberg en qualité de conclaviste en 1689. Il mourut le 17 décembre 1719. « C'était une excellente tête, dit Saint-Simon, pleine de sens et de jugement, un homme d'esprit et fort instruit. Le roi et les ministres furent toujours contents [de la façon dont il s'acquittait de ses missions secrètes], et ses voyages furent toujours impénétrables. Il avait pensions et abbayes, voyait bonne compagnie, paraissait quelquefois à la cour, et le roi en public lui parlait souvent et avec un air de bonté ; en son genre c'était un personnage et un honnête homme aussi ».

Son frère puîné, François-Philippe Morel, d'abord avocat, puis ordonné prêtre, fut conseiller au Parlement, aumônier du roi, abbé commendataire de Molesme, au diocèse de Langres, en mars 1701. « Il ne ressemble à son frère, dit encore Saint-Simon, que pour aimer encore mieux le vin, et ne le porter pas si bien. » (Saint-Simon, *Mémoires*, édition Cheruel, t. I, p. 148, et XIII,

Et parce que Mgr François de Harlay, Archevesque de Paris, dont le mérite extraordinaire est connu de toute la terre, a bien voulu toujours avoir pour moy et me témoigner en toutes les rencontres par mille bons effets, la plus généreuse, la plus parfaite et la plus constante affection et amitié qu'un homme de sa dignité et de sa force puisse avoir pour un simple particulier tel que je suis, j'ose prendre la hardiesse de m'adresser encore à luy pour le supplier très humblement de me faire l'honneur de vouloir bien estre l'exécuteur de ce testament en luy laissant, à cause de ses grandes et continuelles occupations, une pleine et entiere liberté de substituer en sa place qui il luy plaira pour l'exécuter, enfin, confiant en sa bonté, je prens la liberté de le suplier tres humblement de m'accorder encore quatre choses qui sont les dernières grâces que j'espère de sa générosité :

1° La première, de vouloir bien accepter comme une petite marque de ma grande reconnoissance un petit tableau de la sainte Vierge, tenant son Fils entre ses bras ; c'est la seule chose que j'aye, l'unique présent que je luy puis faire.

Le 2e, de faire prier Dieu pour le repos de mon âme par quelques uns de ses bons ecclésiastiques qui me feront volontiers cette charité à sa recommandation.

La 3e, d'avoir pour recommandé, comme il me l'a promis, mon valet de chambre Pierre Rousselet, et de luy procurer quelque bon etablissement où il servira très utilement celuy qui luy donnera de l'employ : de vouloir bien aussi protéger Antoine Chatillon, mon laquais, très bon enfant, fort adroit, fort serviable, que quelque honneste homme sera bien aise d'avoir à son service.

Et enfin la 4e, d'assurer le Roy auprès duquel il m'a rendu tant de bons offices, que, si j'ai tasché durant ma vie, selon mon devoir et mon inclination, de bien servir de ma plume Sa Majesté, je la serviray encore mieux par mes prieres après ma mort, si Dieu me fait la grâce, comme je l'espère,

p. 193 ; Primi Visconti, *Mémoires*, p. 310, et surtout la savante note de M. l'abbé Urbain, dans la *Correspondance de Bossuet*, t. X, p. 190).

par les mérites infinis de Jésus Christ, mon Redempteur, de me recevoir en son saint Paradis. Ainsi soit-il.
Signé : LOUIS DE MAIMBOURG (1).

Matter, quoique protestant, a beaucoup admiré « la piété vraie et sincère » qui éclate dans le testament de « ce jouteur si rude, de ce polémiste si ardent ».

« Jouteur si rude, polémiste si ardent » ! Par ses sermons, en effet, Maimbourg (2) s'attira l'animosité

(1) Copie, f° 47 du Mscr. 13920 de la Bibl. Nat , fonds français.

(2) Voici les principaux ouvrages de Louis Maimbourg : *Oratio in funere Nicolai Zappae* [Nicolas Zappi, de l'ordre de Saint-Augustin], à Rome, de l'imprimerie de la Chambre apostolique, 1638, in-4 ; — *Panégyrique adressé à Louis XIII, Roi de France et de Navarre pour avoir consacré la France à la Sainte Vierge*, à Rouen, chez Jean Boullenger, in-8 ; — *Galliae regum excellentia, Panegyricus in solemnibus Rothomagensis gymnasii comitiis dictus XIII kal. Decemb. anno 1640*, a Ludovico Maimbourg, e Societ. Jesu sacerdote, Rothomagi, Jean Boullenger, 1641, in-8 [selon ces paroles de S. Grégoire-le-Grand : « Autant que la dignité royale est élevée au-dessus du reste des hommes, autant le royaume de France surpasse les royaumes des autres nations », d'après Dom Calmet, *Bibliothèque lorraine*, Nancy, Lescure, 1751, col. 620 ; ce même texte a été rappelé par Bossuet dans l'*Oraison funèbre de Henriette-Marie de France, reine de la Grande-Bretagne*] ; — *Défense des Sermons faits par le R. P. Maimbourg, Jésuite, contre la traduction du Nouveau Testament, imprimé à Mons*, par Louis de Sainte-Foi, Théologien, Paris, François Muguet, 1668, in-12 ; — *Lettre d'un Docteur en Théologie à un de ses amis sur la traduction du Nouveau Testament, imprimé à Mons*, [Paris, 1668], in-4 ; — *Seconde lettre sur le même sujet*, [Paris, 1668], in-4 ; — *Réponse au mémoire sur le Bref concernant la traduction du nouveau Testament imprimé à Mons*, Paris, 1668, in-4 ; — *Quatre lettres de François Romain, domestique d'un grand Prélat, à M. d'Alet sur la lettre circulaire signée de quatre évêques*, Paris, 1668, in-4 ; — *Sermons pour le Carême où toutes les parties de chaque Evangile sont comprises et rapportées à un point principal*, Paris, Séb. Mabre-Cramoisy, in-8, 1670, 2 vol. in-8, réédités en 1677 et 1690 ; — *La méthode pacifique pour ramener sans dispute les*

des jansénistes dont il fut un adversaire déterminé. Il

Protestans à la vraie Foi sur le point de l'Eucharistie au sujet de la contestation touchant la perpétuite de la Foi du même mystère, Paris, Séb. Mabre-Cramoisy, 1670, in-12; — *Traité de la vraie Eglise de Jésus-Christ pour ramener les enfans à leur mère*, Paris, Séb. Mabre-Cramoisy, 1671, in-12; — *Traité de la vraie parole de Dieu pour réunir toutes les sociétés chrétiennes dans la créance catholique, avec la réfutation de ce que M. Claude a écrit sur ce sujet dans sa réponse au dernier ouvrage de M. Arnauld*, Paris, Séb. Mabre-Cramoisy, 1671, in-12. Ces trois derniers ouvrages ont été réunis sous le titre de *Trois traités de controverse*, Paris, 1682, in-12; — *Histoire de l'Arianisme avec l'origine et le progrès de l'hérésie des sociniens*, Paris, 1678, 2 vol. in-4 et 2 vol. in-12; Amsterdam, 1682, 2 vol. in-12; — *Histoire de l'hérésie des Iconoclastes et de la translation de l'Empire aux François*, Paris, 1674 et 1679, in-4; Paris et Amsterdam, 1679, 2 vol. in-12; 1683, 2 vol. in-12; traduit en italien, 2 vol. in-8. Une critique de cet ouvrage et du précédent parut sous le titre d'*Entretiens d'Eudoxe et d'Eucharište*, Paris, 1674; Amsterdam, 1683; — *Histoire des Croisades pour la délivrance de la Terre Sainte*, Paris, 1675, 2 vol. in-4; 1676, 3 vol. in-12; 1681, 4 vol. in-12; Amsterdam, 1685, 4 vol. in-12; — *Histoire du schisme des Grecs*, Paris, 1677, in-4, et 2 vol. in-12; Amsterdam, 1682, 2 vol. in-12; — *Histoire du grand schisme d'Occident*, Paris, 1678, in-4, et 2 vol. in-12; Amsterdam, 1682, 3 vol. in-12; — *Histoire de la décadence de l'Empire après Charlemagne*, Paris, Séb. Mabre-Cramoisy, 1679, in-4; 1680, 2 vol. in-12; Amsterdam, 1681, 2 vol. in-12. Une traduction allemande annotée de cet ouvrage parut à Fribourg, 1688, in-8 et à Ulm, 1768, 2 vol. in-4; — *Histoire du Luthéranisme*, Paris, 1680, in-4 et 2 vol. in-8; Amsterdam, 1682, 2 vol. in-12. Cet ouvrage fut attaqué par Louis de Seckendorf; — *Histoire du Calvinisme*, Paris, 1682, in-4 et 2 vol. in-12; Amsterdam, 2 vol. in-12. Ce livre fut fortement critiqué par Bayle dans sa *Critique générale de l'histoire du Calvinisme de Maimbourg*; — *Histoire du Wiclefianisme*, Lyon et Amsterdam, 1682, 2 vol. in-12; — *Histoire de la Ligue*, Paris, Séb. Mabre-Cramoisy, 1683, in-4 et 1683, 2 vol. in-12; — *Traité historique de l'établissement et des prérogatives de l'Eglise de Rome*, Paris, Séb. Mabre-Cramoisy, 1685, in-4, et 2 vol. in-12; Amsterdam, 1685. 2 vol. in-12; — *Histoire du pontificat de S. Grégoire le Grand*, Paris, Claude Barbin, 1687, in-4, et 2 vol. in-12; Amsterdam, 1686, 2 vol. in-12; — *Histoire du pontificat de S. Léon le Grand*, Paris, Claude Barbin, 1687, in-4, et 2 vol. in-12;

se signala contre eux par la critique acerbe qu'il dirigea pendant trois mois dans la chaire de l'église des Jésuites de la rue Saint Antoine contre le *Nouveau Testament* de Mons(1). On a déclaré ses sermons fort mauvais, surtout, très probablement, sur la foi des jansénistes. Ils devaient, cependant, attirer un auditoire nombreux, grâce aux saillies brusques dont il les assaisonnait, et porter des coups assez rudes (2). Aussi Godefroi Hermant se plaint-il avec amertume d'un sermon prêché dans cette même église contre les factums publiés par les curés de Paris à propos de l'*Apologie des casuistes* du P. Pirot (3).

Amsterdam, 1687, 2 vol. in-12. Ces trois derniers ouvrages furent fortement attaqués par le Cardinal Sfondrate dans sa *Gallia vindicata*.

(1) Cf. A. Floquet, *Etudes sur la vie de Bossuet*, Paris, Firmin-Didot, 1855, t. III, p. 283; Gui Patin, *Lettres*, édition Réveillé-Parise, Paris, J.-B. Baillière, t. III, p. 668; Sainte-Beuve, *Port-Royal*, Paris, Hachette, 1900, éd. in-12, t. II, p. 359; t. IV, p. 380; t. VI, p. 362.

(2) Bayle (*Dictionnaire historique et critique*, Amsterdam, 1730, t. III, p. 284, note C) rapporte, en paraissant l'approuver, la critique de la prédication de Maimbourg faite par l'auteur de la préface de la *Défense de la traduction du Nouveau Testament imprimé à Mons contre les Sermons du P. Maimbourg*, pag. 6. — Cf. l'abbé Hurel, *Les orateurs sacrés à la cour de Louis XIV*, Paris, Didier, 1872, t. I, p. 158, qui exécute ainsi Maimbourg sermonnaire : « Tous les rivaux [du P. Texier] n'eurent pas autant le respect de la parole de Dieu et, même dans la célèbre compagnie, il s'en trouva pour ravaler la prédication à des formes plus dignes du tréteau que de la chaire. Tel fut entre autres le Père Maimbourg qui parut à diverses reprises devant la Cour. Ses *homélies raisonnées* ne sont souvent rien moins que raisonnables, et son éloquence s'y montre assaisonnée çà et là de saillies burlesques, au point d'avoir fait dire à Molière auquel on reprochait le *Tartufe* : « Est-il étonnant que je mette des sermons sur le théâtre, puisque le P. Maimbourg fait des comédies dans la chaire? ». Toutes ces opinions ne sont que les échos du parti janséniste. La cause est encore à juger.

(3) *Mémoires de Godefroi Hermant*, t. IV, p. 316. — Cf. une

Quant à ses écrits historiques, on les a peut-être aussi condamnés un peu rapidement sur les dires, cette fois, surtout des protestants, soit pour le fond, soit pour la forme. « Il faut, disait La Bruyère, éviter le style vain et puéril, de peur de ressembler à *Dorilas* et *Handburg* (1). » « Parmi les historiens qui ne sont que des rhéteurs, disait Laharpe, il faut ranger Maimbourg, l'ex-jésuite historien des Croisades (2). »

D'autres critiques se sont montrés plus justes et n'ont pu s'empêcher de reconnaître à Maimbourg de grandes qualités. « Il serait à souhaiter, dit Moreri, que les ouvrages historiques de Louis Maimbourg eussent été composés avec autant de solidité et de discernement dans les faits que *de feu et de rapidité dans le style* (3). » — Bayle qui fut l'adversaire du P. Maimbourg, écrit sans hésitation : « Je crois pouvoir dire *qu'il avait un talent particulier pour les ouvrages historiques.* Il y répandait beaucoup d'agrément, et plusieurs traits vifs, et quantité d'instructions incidentes. Il y a peu d'historiens, parmi même ceux qui écrivent mieux que lui et qui ont plus d'exactitude que lui, qui aient l'adresse d'attacher le lecteur autant qu'il fait. Je voudrais que ceux qui pourraient le surpasser en bonne foi et en lumières, nous donnassent toutes les histoires qu'il eût entreprises, s'il avoit vécu encore vingt ans, et qu'ils y semassent les mêmes attraits que lui. Ce ne serait pas un

lettre d'Etienne Perier à son père, Florin Périer, sur les sermons du P. Maimbourg à la rue Saint-Antoine dans E. Jovy, *Pascal inédit*, I, p. 352.

(1) La Bruyère, *Des ouvrages de l'esprit*, p. 41 des *Caractères*, édition Hémardinquer, Paris, Delagrave, 1887.

(2) La Harpe, *Lycée ou Cours de littérature*, Paris, Didier, 1834, t. I, p. 779.

(3) Moreri, *Le grand dictionnaire historique*, Paris, J.-B. Coignard, 1699, t. III, p. 490.

bien médiocre pour la République des Lettres (1). » — Voltaire qui avait dû beaucoup lire et beaucoup étudier Maimbourg, s'exprime ainsi : « Il y a encore quelques-unes de ses histoires qu'on ne lit pas sans plaisir. Il eut d'abord trop de vogue, et on l'a trop négligé ensuite (2). » — L'auteur de la *Bibliothèque d'un homme de goût* l'apprécie de cette manière. « Otez à Maimbourg la longueur de ses périodes, quelques traits de simplicité et de bonhomie, et Maimbourg sera un historien assez agréable. Il a l'imagination vive, noble, élevée, et plus d'impartialité qu'on n'en devait attendre d'un homme de son état. Les sujets de son histoire sont tous intéressants, et personne ne saisit comme lui ce qu'il y a de plus curieux dans chaque sujet. Malgré cela tout le monde dit du mal de cet historien ; mais, dans le fond, que lui reproche-t-on ? demande M. l'abbé de la Porte. Des phrases trop longues (3). » — Dans l'*Ecole de littérature tirée de nos meilleurs écrivains* on trouve ces mots : « On se défie de *la belle imagination* de Maimbourg (4). »

(1) Bayle, *Dictionnaire historique et critique*, Amsterdam, 1730, t. III, p. 285.

(2) Voltaire, *Le siècle de Louis XIV*, Paris, Armand Colin, 1894, p. 794, *Liste de la plupart des écrivains français qui ont paru dans le siècle de Louis XIV*.

(3) L. M. D. V., Bibliothécaire de Mgr le Duc de **, *Bibliothèque d'un homme de goût*, à Avignon, de l'imprimerie de Joseph Bléry et se vend chez Antoine Aubanel, libraire, rue de la Balance, 1772, t. II, p. 51. Cet ouvrage dont Alexandre Barbier donna une nouvelle édition en 1808-10, 5 vol. in-8, était d'Esprit-Joseph Chaudon ; il avait déjà été remanié par Toussaint-Nicolas Lemoyne-Desessarts qui fut imprimeur et libraire à Paris de 1797 à 1810 (cf. Paul Delalain, *L'imprimerie et la librairie à Paris de 1789 à 1813*, Paris, Delalain, s. d., p. 59).

(4) *Ecole de littérature tirée de nos meilleurs écrivains*, Paris, 1764, t. I, p. 222. Ce livre est une compilation faite sous la direction de l'abbé Joseph de la Porte.

— Sabatier de Castres le juge ainsi : « Ses ouvrages historiques peuvent plaire encore à tous ceux qui ne sont point effrayés par de longues phrases (1) et un style plus que nombreux. Ils sont, en général, écrits avec feu. La marche en est rapide ; elle entraîne malgré le ton romanesque qui s'y fait sentir. Il faut attribuer, sans doute, à la lecture de Scudéry et de quelques autres écrivains à la toise, ce travers dont Maimbourg aurait pu se garantir avec plus de culture ; *car, dans le fond, il avait beaucoup de talent* (2). » — « Les protestants, dit un critique cité par Feller, dont il avait peint la secte au naturel, l'ont décrié avec fureur ; sur quoi bien des orthodoxes l'ont jugé d'abord, sans autre examen. Sans l'approuver en tout, on rend aujourd'hui beaucoup plus de justice à sa fidélité dans les citations. Ce qui empêche peut-être le plus de dissiper entièrement les fortes préventions qu'on avait conçues contre lui, c'est la qualité de son style pompeux jusqu'à l'emphase, avec une surcharge de traits pittoresques, qui, dans le genre grave de l'histoire, ôtent à la vérité l'air de la vraisemblance (3). »

Mme de Sévigné qui dit ne goûter ni Maimbourg, ni le style de ses ouvrages historiques, qui lance contre lui ce propos : « Il a ramassé le délicat des mauvaises ruelles (4) », n'en lit pas moins avec assiduité tous les

(1) Montesquieu conseillait plaisamment aux asthmatiques les *périodes* du P. Maimbourg (Sainte-Beuve, *Portraits littéraires*, Paris, Garnier, *s. d.*, t. I, p. 375, où se trouve une très heureuse défense de la phrase longue).

(2) [Sabatier de Castres], *Les trois siècles de la littérature françoise*, Amsterdam, 1774, t. III, p. 9.

(3) Feller, *Biographie universelle*, Paris-Lyon, J.-B. Pélagaud, 1867, t. V, p. 456 ; édition Henrion, Paris, 1837, t. III, p. 540.

(4) Mme de Sévigné, *Lettres*, 14 septembre et 3 novembre 1675.

livres qu'il fait paraître. Elle reconnaît qu' « on lui en dit du bien », et que les sujets qu'il a choisis, sont du plus passionnant intérêt : « L'*Histoire des Croisades* est très belle, surtout pour ceux qui ont lu le Tasse et qui revoient leurs vieux amis en prose et en histoire ; mais je suis servante du style du jésuite. » — « Je lis l'*Arianisme* ; je n'en aime ni l'auteur, ni le style ; mais l'histoire est admirable ; c'est celle de tout l'univers ; elle tient à tout ; elle a des ressorts qui font agir toutes les puissances. L'esprit d'Arius est une chose surprenante, et de voir cette hérésie s'étendre par tout le monde, quasi tous les évêques embrassent l'erreur, et saint Athanase soutient seul la divinité de Jésus Christ. Ces grands événements sont dignes d'admiration (1). » Il semble que Mme de Sévigné n'a pas goûté entière-Maimbourg, parce qu'il était jésuite et parce qu'elle avait des préventions jansénistes.

Non seulement les amis de Port-Royal, mais aussi les admirateurs de Bossuet ont cherché à Maimbourg d'assez mauvaises querelles. Tout en avouant que les ouvrages apologétiques du P. Maimbourg « sont, il est juste de le reconnaître, dignes d'estime », M. Amable Floquet (2) s'essouffle à vouloir prouver que le P. Maimbourg a voulu, dans son *Histoire du Luthéranisme*, faire, à l'aide du portrait du Cardinal Contarini, la critique de Bossuet et de son *Exposition de la foi catholique*. Le passage de Maimbourg allégué par M. Floquet (3) ne paraît servir qu'à amener une inutile digres-

(1) Mme de Sévigné, *Lettres*, 17 septembre 1675 et 14 juillet 1680. — Voyez aussi 7 août et 1er décembre 1675 ; 23 juillet et 13 septembre 1677 ; 28 juillet 1680 ; 23 novembre 1689, etc.

(2) A. Floquet, *Bossuet, précepteur du Dauphin, fils de Louis XIV, et évêque à la Cour*, Paris, Didot, 1864, p. 326-327.

(3) Le P. Louis Maimbourg, *Histoire du Luthéranisme*, Paris, 1681, 2e édition, t. I, p. 250 et suiv., au liv. II.

sion du vénérable biographe dont l'assertion était repoussée depuis longtemps déjà en ces termes : « Le public malin prêta quelquefois à Maimbourg des vues qu'il n'avait pas eues... On a prétendu qu'il fit... le portrait de Bossuet et la critique de son livre de l'*Exposition de la foi* sous le nom du Cardinal Contarini, et qu'il dit que ni l'un ni l'autre parti n'en avaient été satisfaits. Cette anecdote rapportée par quelques protestants est démentie par l'ouvrage même qu'ils citent (1). » — Et dans un autre ouvrage : « Ceux qui ont dit qu'il avait été mécontent de l'*Exposition de la foi* de M. Bossuét, et que, dans son *Histoire du Luthéranisme*, il avait fait le portrait du prélat et la critique de son ouvrage sous le nom du Cardinal Contarini, ont écrit une calomnie grossière suffisamment réfutée par la simple lecture de cet endroit (2). »

Un écrivain contemporain, très fervent aussi pour Bossuet, mais d'une façon moins lourde que M. Floquet, n'a pas hésité à flageller rudement Maimbourg. Il semble dépité que Maimbourg ait touché avec talent et abondance avant l'évêque de Meaux à ce grand sujet de l'histoire des variations des églises protestantes. Ici et là il est cependant obligé de confesser qu'il avait déjà rencontré la note juste et vraie (3). Chateaubriand moins dédaigneux, n'a pas hésité à placer avec éloge dans ses *Essais sur la littérature anglaise* (4) le portrait

(1) *Nouveau dictionnaire historique*, par une société de gens de lettres, Caen-Lyon, 1789, 2e édition, t. V, p. 498.

(2) Feller, *Biographie universelle*, édition Simonin, Paris-Lyon, Pelagaud, 1867, t. V, p. 457.

(3) En particulier, pp. 463 et 584 de cet ouvrage que nous laissons au lecteur le soin de chercher et de trouver.

(4) Chateaubriand, *Essais sur la littérature anglaise*, dans les *Œuvres complètes de Chateaubriand*, Paris, Garnier, s. d., t. XI, p. 558-559.

de Luther par Maimbourg à côté de celui qu'en a tracé Bossuet.

Des diverses appréciations que nous avons citées, il ressort que Maimbourg est intéressant par les sujets qu'il a traités et par la manière dont il les a traités, qu'il cite exactement, qu'il a un style vif, attachant, entraînant, des détails pittoresques, une certaine couleur romanesque, de l'imagination. S'il en est ainsi, pourquoi ne dit-on pas qu'avant les ouvrages de Voltaire, avant les préceptes de Fénelon, Maimbourg avait su rendre l'histoire « intéressante comme un roman, s'était préoccupé de recueillir des informations et des documents, d'arracher l'histoire à l'abstraction, de la colorer en donnant des détails sur les événements et sur les pays »[1]. Il semble qu'il n'a été condamné que parce que par avance il atteignait à des qualités que son siècle ne comprenait pas. Veut-on un exemple du souci qu'a Maimbourg de donner des pièces historiques d'une parfaite exactitude? Nous allons en produire un :

Voici le traité en dix-huit articles [qui est à l'origine de la Ligue] avec les signatures des gentilshommes et des officiers, dont quelques-unes sont écrites en des caractères si mal formés et si peu lisibles que je n'eusse jamais pu les démêler sans le secours d'un très habile homme en cet art assez difficile de déchiffrer toutes sortes d'anciennes écritures. C'est dom Jean Héricart, ancien religieux de l'Abbaye de Saint-Nicolas-aux-Bois, en Picardie, qui, après avoir travaillé à mettre en ordre et à copier les titres et les pièces authentiques de plusieurs anciens monastères, s'applique maintenant, par la permission de Monseigneur l'Evêque de Laon son supérieur, à un travail si nécessaire dans le Trésor des Chartres et dans la fameuse Bibliothèque de la célèbre Abbaye Royale de Saint Victor de Paris, où il y a de quoy exercer le talent des plus habiles connoisseurs sur un fort grand nombre de très beaux titres de près de six cents ans, et sur plus de trois mille manuscrits des plus rares, et des plus anciens, qui sont la plus précieuse partie de cette excellente Bibliothèque si renommée par tout le monde. C'est donc de l'industrie de Dom Héricart que je me suis servi. Et pour agir de bonne foi, sans vouloir deviner, ni faire passer nos conjectures pour des vérités, nous avons laissé en blanc deux de ces noms, parce que nous n'avons jamais bien pu distinguer les lettres qui les composent (1).

La façon dont il dépeint l'armée catholique commandée par le Duc de Joyeuse et l'armée protestante à la tête de laquelle était Henri de Navarre, avant la bataille de Coutras (2) montre qu'il sait donner de l'animation à ses peintures :

Les deux armées qui demeurèrent en présence près d'une heure sans s'ébranler, faisaient voir deux spectacles bien différents. Car d'une part on ne voyait que des armes dorées et superbement damasquinées reluire au soleil, des lances peintes et toutes couvertes de rubans, avec leurs banderoles voltigeantes au gré du vent, de riches casaques de velours, avec de grands passements et galons d'or et d'argent, dont chaque compagnie était revêtue diversement selon les couleurs de son capitaine, de belles et grandes plumes flottantes sur les casques à gros bouillons, de magnifiques écharpes en broderies, avec de longues franges d'or ; et tous les jeunes cavaliers portant les chiffres et les couleurs de leurs Maîtresses, et ainsi parés que si l'on eût dû faire un carrousel, et non pas donner une bataille. Enfin l'on eût pu dire que c'est une armée toute équipée à la persane, tant on y voyait de luxe et de pompe, et tant il y avait d'or et de soie sur les hommes et sur les chevaux.

Mais d'autre part on ne voyait que de vieux soldats endurcis au travail, avec une mine fière et menaçante, mal peignés, mal vêtus, avec leurs grands bustes tout crasseux sur leurs habits de bure presque tout usés, n'ayant pour toute

(1) Maimbourg, *Histoire de la Ligue*, Paris, Sébastien Mabre-Cramoisy, 1684, p. 528-529.
(2) 20 octobre 1587.

parure que le fer et de bonnes armes, montés sur des chevaux faits à la fatigue, sans housse, sans caparaçon, et sans aucun autre ornement que leur cavalier, enfin une seconde armée d'Alexandre contre un autre Darius (1).

Napoléon, repassant sur les traces de Charles XII, jugeait, paraît-il, la géographie de Voltaire insuffisante aux exigences de la stratégie militaire et lui préférait le journal d'Adlerfeldt. Peut-être n'aurait-il pas été mécontent de la générale exactitude topographique de Maimbourg, par exemple en cet endroit relatif aux opérations du duc de Guise contre les Reîtres :

(1) Maimbourg, *Histoire de la Ligue*, Paris, Sébastien-Mabre-Cramoisy, 1684, p. 143-144, au livre II. — Y a-t-il loin de cette description à celle que fait Walter Scott des préparatifs d'une bataille de cette même époque : « On passa la revue [de l'armée de Marie Stuart] dans la plaine d'Hamilton et l'on se mit en marche avec toute la pompe des temps féodaux ; la musique militaire se faisait entendre, les bannières et les étendards étaient déployés, les armures brillaient et les lances étincelaient comme des étoiles dans un ciel d'hiver. Le beau spectacle de cette pompe guerrière était rehaussé par la présence de la reine qui, entourée d'un brillant cortège de dames et de serviteurs formant sa maison, et d'une garde particulière de gentilshommes,... donnait à la fois de l'éclat et de la confiance à l'armée qui étendait ses longues lignes de tous côtés autour d'elle » (*L'Abbé*, trad. P. Louisy, Paris, Firmin Didot, p. 489). La description de Maimbourg est peut-être supérieure à celle de Walter Scott par le réel des détails, car qu'est-ce que ces banales épithètes : la *musique militaire*, une *garde particulière*, et que *toute la pompe des temps féodaux*, et cette répétition d'une imprécision : *le beau spectacle de cette pompe*, et *ces lances qui brillent comme des étoiles dans un ciel d'hiver ?* On sait qu'Augustin Thierry s'est glorifié, et H. d'Arbois de Jubainville (*Deux manières d'écrire l'histoire*, Paris, Bouillon, 1896, p. 160 et suiv.) le lui a sévèrement reproché, d'avoir renouvelé l'histoire en imitant Walter Scott, et Chateaubriand, deux romanciers. Devons-nous aujourd'hui reprocher si durement à Maimbourg d'avoir donné à ses compositions historiques un ton *romanesque* et de n'avoir pas été « un sec et triste faiseur d'annales » ?

La rivière de Madon, peu large, mais assez profonde, qui prend sa source au pied des montagnes des Vosges, coule du midi au septentrion, et après avoir reçu dans son lit les petites rivières de Dompaire, Illon, Vitrelle, Coulon et Brenon, et arrosé la ville de Mirecourt et les bourgades d'Haroué, Ormes, Buligny, Acraigne, Blainville, à neuf ou dix lieues de Nancy, et à quatre au-dessus de Toul. Un peu au-dessous de ce confluent et au deça de la Moselle est le Pont Saint-Vincent, petite ville, ou plutôt un gros bourg situé sur le penchant d'une montagne, fermé en quelques endroits de faibles murailles, et en d'autres d'une haie vive, s'étendant au bas de la côte le long de la Moselle, sur laquelle il y avait un pont, et ayant à droite la rivière de Madon, et un coteau fort roide planté de vignes entourées de fortes haies, couvert sur la cime de ces grands bois qui s'étendent jusques aux environs de Toul, et séparé du Madon par une prairie à laquelle cette rivière qui la borne, laisse assez peu d'étendue en largeur (1).

La lettre de Maimbourg datée de 1678, que nous avons rencontrée à Massa, est assez curieuse. Le P. Maimbourg fut, en 1681, obligé de quitter les jésuites pour avoir cherché à diminuer l'autorité du Saint-Siège en défendant, avec son *Traité historique des prérogatives de l'Église de Rome*, les libertés de l'Église gallicane. En 1678, Maimbourg rappelait avec plaisir au Cardinal Cybo qu'il avait jadis « prouvé, par l'usage de tous les siècles depuis l'établissement de saint Pierre au Souverain Pontificat, le pouvoir qu'ont les papes de juger les évêques ». « Le P. Maimbourg... le fit, dit Rapin, avec un détail et une plénitude d'érudition qui lui donna de grands avantages sur ceux qui traitèrent ce sujet », « par quatre écrits... qu'il donna au public sous le nom supposé de François Romain (2) ».

(1) *Eodem libro*, p. 168.
(2) *Mémoires du P. Rapin*, t. III, p. 435, 492, 498.

A Paris, 25 de mars 1678.

Monseigneur,

La lettre dont V[re] Em[ce] m'a honorée au nom de Sa Sainteté est une si belle chose que tout ce que j'en pourrois dire seroit touiours infiniment au-dessous de ce qu'elle vaut, si ie n'y aioustois que le Roy qui l'a voulu lire, en a esté très satisfait, et l'a extrêmement louée. J'espère qu'un si glorieux témoignage que luy a rendu un si grand monarque et si éclairé estant ioint aux tres humbles remercîmens que i'en fais à V[re] E[ce] sera cause qu'elle aura la bonté de les agréer auec la protestation que je luy fais que j'employeray tousiours ce qui me reste de vie et de forces pour correspondre à cette grâce par tous les seruices que ie pourray jamais rendre à V[re] Em[ce]. Comme i'appris il y a quelque temps qu'elle ne seroit pas marrie de voir les lettres que ie publiay il y a dix ans pour la défense des droits du pape contre ceux qui ne vouloient pas qu'il pût iuger immédiatement des causes criminelles des euesques, ie luy enuoiay sur le champ l'unique exemplaire qui m'en restoit, et ie crois que Monseigneur le Cardinal Spada le lui aura deia mis entre les mains. Si j'ay fait voir en cet ouurage l'autorité du pape sur tous les euesques pour les juger, je feray voir ailleurs que, de l'aueu mesme de l'Eglise gallicane, depuis plus de neuf cens ans et du conseil de nos Roys, tous les euesques ensemble, dans un concile général, n'ont nul droit de juger les Papes et que c'est à Dieu seul que ce jugement est reserué. Et en cela, Monseigneur, comme en toute autre chose, je m'efforceray de faire paroistre ce que Dieu m'a donné de zèle pour l'honneur du St Siege et auec combien de reconnoissance, de respect et de vénération je suis, Monseigneur, De V[re] Em[ce] le très humble, très obéissant et très obligé seruiteur,

LOUIS MAIMBOURG (1).

(1) Au dos : *25 Marzo 1678*. — *Archivio*, mscr. 30.

Percin de Montgaillard,

évêque de Saint-Pons.

Pierre-Jean-François de Percin de Montgaillard (1) était né à Toulouse le 29 mars 1633. Son père, Pierre de Percin, baron de Montgaillard, gouverneur de Breno dans le Milanais, fut décapité, sous Louis XIII, pour avoir rendu cette place. Sa mémoire fut réhabilitée, et son second fils qui, de bonne heure, avait fait paraître d'heureuses dispositions, fut élevé aux honneurs ecclésiastiques. Reçu docteur de Sorbonne, il fut abbé de Saint Marcel de Cahors, puis nommé, en avril 1664, à l'évêché de Saint-Pons. Il fut sacré en cette qualité à Chaillot le 12 juillet de l'année suivante, et se démit peu après de son abbaye.

(1) Sur Percin de Montgaillard, cf. E. Jovy, *Fénelon inédit*, Vitry-le-François, 1917, p. 284-285; Cardinal de Bausset, *Histoire de Fénelon*, livre V, § 5, dans les *Œuvres complètes de Fénelon*, Paris, Leroux et Jouby, 1852, t. X, p. 223-224; Fénelon, mêmes *Œuvres complètes*, t. IV, p. 392 et *passim*; *Correspondance de Bossuet*, édition Urbain et Lévesque, t. III, p. 4 et t. VIII, p. 150; Bossuet, *Œuvres complètes*, édition Lachat, t. XXVII, p. 115 et *passim*; t. XXIX, p. 55 et *passim*; Saint-Simon, *Mémoires*, éd. Cheruel, t. VI, p. 402; Etienne Dejean, *Un prélat indépendant au XVIIe siècle, Nicolas Pavillon, évêque d'Alet*, Paris, Plon, 1909, p. 202 et *passim*; Albert Le Roy, *La France et Rome de 1700 à 1715*, Paris, Périn, 1892, p. 197; G. Sahuc, *Pierre-Jean-François de Percin de Montgaillard*, Paris, 1909, in-8; *Catalogue de la Bibliothèque nationale, Histoire de France*, Paris, Firmin-Didot, t. V, p. 80 et suiv.; t. VIII, p. 126-129; Edouard de Barthélemy, *La marquise d'Huxelles et ses amis*, Paris, Firmin-Didot, 1881, p. 117 et suiv.; Pasquier Quesnel, *Correspondance*, publiée par Mme Albert Le Roy, Paris, Perrin, 1900, t. II, p. 136 et *passim*; A. Brémond, *Nobiliaire toulousain*, Toulouse, 1863, pp. 251-252.

Percin de Montgaillard fut ouvertement janséniste. Il fut l'un des dix-neuf évêques qui signèrent la lettre adressée au pape Clément IX, en 1667, pour la défense des évêques d'Alet, de Pamiers, de Beauvais et d'Angers qui s'étaient opposés à la souscription du formulaire exigée par la bulle d'Alexandre VII du 15 février 1665.

Les changements qu'il se permit de faire à la liturgie dans un *Directoire des offices divins*, publié en 1681 (1), excitèrent de nombreuses réclamations et l'engagèrent dans une longue suite d'écrits dont les principaux furent condamnés à Rome par un décret du 27 avril 1701. Il en fut de même de plusieurs *Lettres* et *Instructions pastorales* publiées successivement par ce prélat depuis l'année 1694 contre les Récollets de son diocèse à l'occasion d'une visite pastorale que ces religieux avaient refusée, et dont ils se prétendaient exempts. Enfin l'évêque de Saint-Pons eut aussi avec Fénelon, archevêque de Cambrai, de longues discussions à propos du silence respectueux (1). Les lettres qu'il écrivit encore à ce sujet, furent également condamnées par un bref de Clément XI du 18 janvier 1710. Percin de Montgaillard mourut le 13 mars 1715.

Nous ne voulons pas nous appesantir plus longuement sur ce personnage. Nous ne parlerons que de ce qui intéresse et éclaire les lettres suivantes.

Montgaillard, en 1677, s'était signalé avec l'évêque d'Arras, Gui de Sève de Rochechouart, en voulant déférer au nouveau pape, Innocent XI, quelques propo-

(1) Dans le même sens que ce *Directoire des offices divins* de 1681, Montgaillard publia : *Du droit et du pouvoir des évêques de régler les offices divins dans leurs diocèses suivant la tradition de tous les siècles depuis Jésus-Christ jusqu'à présent*, s. l. n. d. [1686], in-8.

sitions scandaleuses à leurs yeux, des casuistes relâchés. « Ces deux Evêques avoient cru devoir consulter dans le plus grand secret MM. Arnauld et Nicole, et prier ce dernier qui écrivait supérieurement en latin, de composer la lettre au Pape » que l'on présenterait à la signature des Évêques de France. M. de Harlay eut connaissance de cette lettre, et s'empressa de la dénoncer au Roi, comme pouvant « renouveler les anciennes contestations, sous le prétexte de maintenir la pureté de la morale ». On dut, sur les ordres du Roi, abandonner le projet de cette adresse commune au Pape; mais les évêques qui l'auraient signée, se déterminèrent à écrire chacun en particulier à Innocent XI « pour l'engager à condamner les erreurs par lesquelles certains casuistes deshonoraient la morale chrétienne ». « Leurs sollicitations, dit Larrière, ne furent pas infructueuses. Le Pape condamna, par un décret du 2 mars 1679, soixante-cinq propositions de la morale relâchée (1). » C'est à ces incidents que se rattache la première des lettres de M. de Saint-Pons que nous donnons ici :

A St Pons, ce 23 juillet 1677.

Monseigneur,

Lorsque je suplié Vostre Eminence de m'accorder sa protection sur le sujet de la lettre que j'ai escrit à Sa Sainteté, je ne croiois pas auoir une occasion si eclattante que celle qui se présente pour prouuer tout ce que j'y ai aduancé, que l'on se sert du phantosme du jansénisme (2) pour détruire

(1) [Larrière], *Vie de Messire Antoine Arnauld, docteur de la maison et société de Sorbonne*, Paris-Lausanne, 1782, t. II, p. 72 et suiv.

(2) Cette expression était chère à M. de Saint-Pons comme à tous les jansénistes. Il écrit le 14 novembre 1709 à la marquise

tout le bien qui se pourroit faire dans l'Esglise, et qu'il est impossible d'en faire réussir aucun durant qu'on laissera ce prétexte à ceux qui y sont opposés. V. E. jugera, par la lecture de la lettre et des propositions qu'un grand nombre d'euesques auoit conuenu d'enuoier à Sa Sainteté, de l'aueuglement de ceux qui sont opposés à la pureté de la moralle de Jésus Christ de vouloir persuader que c'estoit un moien pour renouueller le jansénisme. C'est, Monseigneur, sous ce prétexte, comme elle le verra par les lettres que je lui enuoie qu'on a encouragé le roi d'imposer silence aux euesques et qu'on veut rompre l'union qu'ils doiuent auoir les uns auec les autres pour le besoin de l'Esglise, et celles qu'ils ont tousiours eue et qu'ils veulent touiours conseruer auec le siège de Romme (1). Cette union, Monseigneur, ne s'entretient pas, comme vous savez, par des complimens et par des commerces inutilles, mais par des consultations, par les responses et par tous les secours mutuels que les prélats se doiuent réciproquement et qui font la principale force de l'Esglise et du college episcopal. Vostre Eminence est si remplie de lumiere et de zelle que je croirois lui faire tort si je me meslois de lui inspirer des vües pour remédier aux maux pressans qui deschirent nos Esglises. Il me suffit de lui monstrer nos plaies pour en espérer les remèdes ; celui qui rendra cette lettre à Vostre Eminence, l'en entretiendra si elle l'a ainsi agréable. Cette liberté que je prends, Monseigneur, est un effect de la confiance que j'ai en vos grandes qualités qui m'attachent pour le reste de mes jours à Vostre Eminence et me font faire une profession publique d'estre auec le dernier respect,

Monseigneur,

Vostre tres humble et tres
obeissant seruiteur,

PIERRE JEAN FRANÇOIS, Ev. de St Pons (2).

d'Huxelles : « L'on croioit que la mort de M. de Chartres [Godet des Marets] diminueroit la vivacité contre ce fantosme de jansénisme » (Edouard de Barthélemy, *La marquise d'Huxelles et ses amis*, Paris, Firmin-Didot, 1881, p. 125).

(1) *Sic.*

(2) *Archivio*, mscr. 29.

M. Pavillon, évêque d'Alet, avait composé pour son diocèse un *Rituel*(1) qu'il donnait comme une reproduction du Rituel romain de Paul V. Le pape Clément IX fit examiner ce Rituel d'Alet. Il le condamna solennellement par un décret du 9 avril 1669 « comme contenant des sentiments singuliers, des propositions fausses, erronées, dangereuses dans la pratique, contraires à la coutume reçue communément dans l'Eglise, capables de conduire insensiblement les fidèles à des erreurs déjà condamnées. »

M. d'Alet, malgré la censure de Rome, fit observer toute sa vie son Rituel dans son diocèse.

Ce même ouvrage fut proscrit, dans une ordonnance du 17 février 1678, par l'évêque de Toulon, Jean de Vintimille du Luc, « comme contenant des choses contraires au Rituel romain de Paul V, des propositions fausses, singulières, dangereuses en pratique, erronées et opposées à la coutume générale de l'Église, la lecture desquelles peut insinuer les erreurs condamnées dans l'esprit des fidèles, et les infecter de méchantes opinions ».

Cette ordonnance de l'évêque de Toulon excita une dispute assez vive entre lui et M. de Montgaillard. L'évêque de Saint-Pons, livré entièrement, comme il l'était, au parti janséniste, ne put souffrir tranquillement que l'évêque d'Alet, son ami et son confrère en Jansénius, fut attaqué après sa mort par un évêque particulier. Il écrivit une lettre piquante à M. de Toulon qui lui répondit avec fermeté. M. de Saint-Pons répliqua par une autre lettre d'une longueur énorme, datée du

(1) *Rituel romain du Pape Paul V à l'usage du diocèse d'Alet, avec les instructions et les rubriques en françois*, Paris, Savreux, 1667, in-4°.

19 août 1678, dans laquelle il cherchait à donner le change, sans venir jamais à son sujet. Il fut encore répondu à cette lettre par « un théologien ». M. de Saint-Pons, à propos de cette riposte, adressa, ainsi qu'il va le dire lui-même, une réfutation plaintive à l'archevêque d'Arles, métropolitain de l'évêque de Toulon, qui était alors M. François-Adhémar de Monteil de Grignan(1). Les lettres suivantes se rapportent à ces démêlés touchant le *Rituel d'Alet* :

I

Monseigneur,

Le Père le Blanc, supérieur de l'Oratoire de Rome, m'a appris qu'il n'auoit pas reçu une dépêche que je luy auois addressée depuis longtemps pour rendre à Vostre Eminence les tres humbles grâces que ie luy dois de l'honnesteté qu'elle eut pour moy de receuoir fauorablement la premiere lettre qu'il luy rendit de ma part. Je luy dois encore des

(1) On trouvera à la Bibliothèque nationale les pièces suivantes :

— Lettre de monseigneur l'évêque de St-Pons à monseigneur l'évêque de Toulon, écrite le 25 avril 1678, *s. l. n. d.*, in-4 (Bibl. Nat., Lk[3], 580).

— Réponse de monseigneur l'évêque de Toulon à la lettre de monseigneur l'évêque de St-Pons, le 26 juin 1678, *s. l. n. d.*, in-4 (Bibl. Nat., Lk[3], 581).

— Réponse de M. l'évêque de St-Pons à monseigneur l'évêque de Toulon écrite le 19 août 1678, *s. l. n. d.*, in-4 (Bibl, Nat., LK[3], 582).

— Réplique d'un théologien à M. l'évêque de Saint-Pons, *s. l.*, 1680, in-4 (Bibl. Nat., Lk[3], 583).

« On a réuni toutes les pièces de cette dispute dans un petit in-12 intitulé *Recueil de ce qui s'est passé entre MM. les évêques de Saint-Pons et de Toulon au sujet du Rituel d'Alet* » (*Dictionnaire des jansénistes*, dans le *Dictionnaire des hérésies et des schismes*, Paris, Migne, 1862, t. II, col. 753-754. Voir dans ce même ouvrage l'article *Montgaillard*, col. 673-674).

remerciements bien particuliers pour le Bref dont Sa Sainteté m'a honoré, que j'ay receu auec la dernière reconnoissance pour vous, Monseigneur, à qui ie sçay deuoir ce tesmoignage considerable de sa bonté. Il est remply de tant de preuves de son zèle pour le bien de la Religion que cela m'a donné la confiance de me présenter à elle une seconde fois pour une affaire dont j'ose dire que dépend la paix de nostre Eglise après laquelle je souspire il y a très longtemps. Je supplie très respectueusement Sa Sainteté par la lettre que je luy escris, de rendre au Rituel d'Alet la justice que je crois qui luy est deue, comme son Auteur l'en a suppliée peu de jours auant sa mort. La censure que M. de Toulon en a faite, est une raison nouvelle et fort pressante pour la faire désirer à tous ceux qui ayment l'ordre hierarchique, l'union des évêques et l'unité de la foy : puisque, durant que les choses seront dans cette suspension et dans cette confusion, chacun prétend avoir droit de regarder et de faire passer defunct M. d'Alet et les approbateurs de son Rituel comme des hérétiques ; mais Vostre Eminence qui a des lumières si vastes, et une droiture qui la rend si recommandable dans le monde chrétien, jugera aisément que s'il y avoit dans ce livre des erreurs, du poison, des hérésies, il n'est rien de plus juste que de nous les faire connoistre, en nous les marquant distinctement, affin que nous ne les enseignions point, et que nous ne les soustenions plus soit dans ce livre, soit ailleurs ; mais aussy, s'il en est exempt, il n'est rien de plus injuste que de vouloir qu'on croye qu'il y en a et de donner de la défiance pour tout ce qui y est contenu, comme si on en deuoit estre empoisonné ; on ne flétrit pas seulement par là, Monseigneur, la mémoire d'un Evêque mort en odeur de sainteté, mais on en diffame encore plusieurs autres qui s'appliquent à remplir les devoirs de leur ministère et on rend leurs trauaux inutiles pour leurs troupeaux (1). C'est

(1) Vingt-neuf évêques avaient approuvé le Rituel d'Alet, en déclarant « qu'il ne contenait que les pures règles de l'Evangile et les maximes les plus saintes des canons » (*Approbation de nosseigneurs les évêques donnée au Rituel de M. l'évêque d'Alet en l'année 1669*, dans la *Vie de M. Pavillon*, Utrecht, aux dépens de la Compagnie, 1739, in-12, t. III, p. 420, au *Recueil des pièces de M. l'évêque d'Alet*).

en vain que plusieurs Evesqués ont écrit à M. de Toulon plus fortement que moy pour l'obliger de rétracter sa censure, ou du moins de déclarer les prétendues erreurs qu'il a découvertes dans ce livre : il répond à la lettre dont je prends la liberté d'envoyer un exemplaire à Vostre Eminence qu'il a des occupations plus importantes que celles de l'examiner ; c'est dire qu'il espère que le crédit et le sçauoir faire de ceux qui luy ont demandé sa censure, sont assez grands pour détenir la vérité captive dans l'obscurité, et pour fomenter par ce moyen la calomnie en ne donnant pas l'éclaircissement nécessaire sur cette matière. Il y a apparance qu'il se flatte encore sur l'addresse dont ses amis pourront se seruir pour euiter que Sa Sainteté ne s'explique en faveur de la doctrine contenuë dans ce Rituel : et il pourroit bien espérer du crédit des ennemis de la mémoire de defunct M. d'Alet, si nous estions sous un autre pontificat que sous celuy ou la misericorde de Dieu nous a mis, de surprendre quelque censure vague et indéterminée ou quelque décret que nous appelons d'accommodement, ou chacun croit trouver son avantage ; mais il est certain qu'au lieu que ce fût un tempérament qui calmât les esprits, il nous laisseroit pour le moins dans le mesme embarras que nous sommes. Je suis, Monseigneur, si persuadé de la bonté de ce livre, de la justice de Sa Sainteté et du zèle de Vostre Eminence que j'ose espérer que les efforts qu'on fera contre la vérité seront inutiles, qu'elle seule prévaudra sous le pontificat de nostre saint père le pape Innocent XI et que Vostre Eminence la protègera, quoyque dénuée de la faueur et des pressantes sollicitations dont on se peut seruir pour l'obscurcir. Je puis protester à Vostre Eminence que, dez qu'on me la fera connoistre, je me soumettray auec joye et j'auoueray franchement de m'estre trompé (1). Si je suis assez heureux de voir un succès fauorable de cet (2), je reconnoistray que ce sera à elle à qui l'on sera redeuable de ce grand bien, et je seray confirmé dans l'estime et dans le respect très sincère qui m'engage d'estre toute ma vie,

(1) Le livre est condamné depuis 1669 ; mais Montgaillard fait semblant de l'ignorer ou de ne pas s'en souvenir.

(2) *Sic.*

Monseigneur,
Vostre tres humble et très obéissant seruiteur,
PIERRE-JEAN-FRANÇOIS, Euesque de St Pons.
A St Pons, ce 29 7bre 1678 (1).

II

Monseigneur,

Je reçus auant hier une dépêche du père le Blanc, supérieur de l'Oratoire de France à Rome, du 12 januier, auec un mémoire de la part de Vostre Eminence sur la dernière lettre que j'ay pris la liberté de vous addresser pour Sa Sainteté. Je ne sçaurois me plaindre de mon mauuais latin ny de la precipitation auec laquelle j'écriuis cette lettre, puisque cela m'a donné l'occasion de ressentir un effet si touchant de la bonté genereuse de Votre Eminence qui me fait éprouuer l'auantage et la sureté qu'il y a d'estre entre les mains d'une personne de la grandeur de sa naissance et de son âme. Vostre conduite, Monseigneur, remplie d'honnesteté et de charité, me confirme par ma propre expérience dans le principe que j'ay establi dans ma lettre à M. de Toulon que c'est un usage digne de la bonté et de la sagesse de l'Eglise de ne condamner personne sans l'entendre et sans luy donner lieu d'expliquer ses veritables sentimens : car il est certain qu'il n'est rien de plus juste que les auis que vous me faites la grâce de me donner sur quelques expressions de la lettre que je m'estois donné l'honneur d'escrire à Sa Sainteté, et néanmoins il n'est rien de plus éloigné de ma pensée ny de ma conduitte que de vouloir manquer en quoy que ce soit au respect que je luy dois et aux Souverains Pontifes, ses prédécesseurs. Je fis cette dépêche auec une si grande presse qu'à peine j'eus le temps de la relire à cause des aduis qu'on me donnoit de plusieurs endroits qu'on faisoit des efforts auprès de Sa Sainteté pour obtenir d'elle quelque chose de desauantageux au Rituel d'Alet, auant que ma reponse à M. de Toulon fût rendue publique. Comme elle contenoit des faits que je croyois pouuoir tenir lieu d'une

(1) *Archivio*, mscr. 30.

instruction nécessaire, et que Sa Sainteté auoit appris les commencemens de ce différend, je crus deuoir lui rendre conte de la suitte. C'est la veritable cause de mon empressement qui fut si grand que, me confiant en l'habileté de l'Imprimeur, je n'attendis pas les épreuues de ma réponse à M. de Toulon, mais j'enuoyay mon pacquet dans le lieu où on l'imprimoit pour y joindre les exemplaires que j'ay pris la liberté d'addresser à V. Eminence. Mais, dès que j'en vis l'imprimé, j'y remarquay tant de fautes que je fus obligé d'en faire une correction pour l'enuoyer à tous ceux qui en auoient receu des exemplaires de ma part. Il est vray, Monseigneur, que je me suis serui d'expressions trop coupées, me raportant à ma première lettre que Sa Sainteté receut auec bonté, où j'auois expliqué au long ce que je ne faisois que toucher dans celle cy. J'espère, Monseigneur, que vous jugerez que les éclaircissemens que je donne par la lettre que je prens encore la liberté de faire remettre entre les mains de Vostre Eminence, afin qu'il luy plaise de la donner si elle le juge à propos, ne sont qu'une suitte des tesmoignages publics que je rends de la vénération singulière que j'ay pour Sa Sainteté. Je supplie aussy Vostre Eminence de faire réflexion que la voye la plus naturelle et la plus légitime pour connoistre l'estat et les besoins d'une église, est celle de les apprendre des euesques qui y demeurent et qui ont eu part dans les affaires dont il s'agit, et que c'est une action digne de Sa Sainteté d'écouter auec bonté, comme elle fait, ce qu'un Euesque qui n'a aucune vue temporelle croyt estre utile pour le bien de la religion, pour l'honneur du Saint Siège, pour la gloire de celuy qui le remplit et pour le repos d'un nombre considérable d'églises. La marque singulière, Monseigneur, de vostre protection que vous me faites ressentir dans cette occasion et l'expérience que tout le monde fait de vostre zèle pour l'Eglise uniuerselle, me donnent la liberté et la confiance de vous représenter que je suis sur les lieux où sont les contestations, que j'ay connoissance par moy mesme de ce qui s'est fait jusques à présent sur ces matières, que j'aye une veneration tres sincère pour Sa Sainteté, que je demande tous les jours à Dieu qu'il luy plaise de me dépouiller de tout interest temporel pour me donner l'amour de son Eglise par dessus toutes choses et que je uoys que sous pretexte d'esteindre les diuisions qui agitent nostre Eglise de France, l'on trauaille continuellement à les allumer, et que si l'on suit ces zelez peu eclairez et peu sinceres, on mettra les gens bien intentionnez dans une confusion qu'on n'en a gueres veu de semblable. Je voy d'un autre costé que, quoyque cette affaire semble difficille, il n'est rien de plus aisé que de la terminer auec la satisfaction de tous les gens raisonnables. C'est ce qui fait, Monseigneur, qu'ayant ces idées, estant remply de confiance et d'estime pour Vostre Eminence, je me croyrois fort coupable si dans une si pressante occasion je ne m'addressois à elle, puisque j'ose dire que c'est un ouvrage digne de ses soins et de son application, et que la paix de l'église de France en dépend. J'ay écrit une troisième lettre à M. de Toulon ou je luy propose que nous éclaircissions auec charité, auec honnesteté les difficultés qu'il a trouuées dans le Rituel d'Alet, mais j'ay lieu de croyre qu'il ne voudra non plus entrer dans cet éclaircissement que m'enuoyer l'extraict des propositions qu'il m'ecriuit que ses cinq docteurs de Toulon auoient remis dans son greffe. Je luy ay fait cette proposition sur le suiet d'une lettre imprimée qu'un Théologien a écrite contre moy, qui attribuë à deffunt M. d'Alet et aux approbateurs de son Rituel une doctrine et une conduite tout à fait pernicieuses. J'ay eu encore occasion d'en écrire mon sentiment à M. l'Archevêque d'Arles pour faire voir que les deffenseurs de la censure de M. de Toulon contre le Rituel d'Alet se confient plus à leur crédit et à leur savoir faire qu'à la vérité et à la raison. Je continue à donner dans toutes les occasions des marques publiques de ma soumission aux bulles que les Souverains Pontifes prédecesseurs de N. S. P. ont faites contre les heresies contenues dans les cinq propositions qu'ils ont condamnées, afin qu'un chasqu'un puisse voir que je ne cherche autre chose que la vérité et la paix et que je désire par dessus toutes choses de mériter la continuation de la bienveillance de Sa Sainteté. Je reconnois, Monseigneur, que je pourray réussir dans ce dessein si j'ay le bonheur d'obtenir les bonnes grâces de Vostre Eminence. Je les luy demande auec d'autant plus de respect et d'instance que j'en connois le prix et que je m'estimeray heureux si elle me regarde comme une personne que la reconnoissance oblige d'estre toute sa vie auec beaucoup de soumission,

Monseigneur,
Vostre tres humble et très obeissant seruiteur,
PIERRE-JEAN-FRANÇOIS, Euesque de St Pons
A St Pons, ce 9 feburier
1679.

LE MARQUIS DE NOINTEL.

Charles-François Olier, marquis de Nointel, fut envoyé, en 1670, par Louis XIV en qualité d'ambassadeur à Constantinople, avec la mission de renouveler les anciennes capitulations entre la France et la Turquie, en y faisant insérer une réduction sur les droits de douane, d'obtenir le rétablissement des Échelles du Levant et un libre commerce par la mer Rouge, enfin de protéger la religion catholique et les Lieux Saints (1).

Il déploya dès son arrivée et pendant tout le cours de son ambassade une fermeté de caractère à laquelle il a dû le succès relatif de ses négociations. Les nouvelles capitulations furent signées le 6 juin 1673.

Pour s'assurer de leur exécution dans les différentes Échelles où les Français portaient leur commerce, Nointel les parcourut toutes. En même temps qu'il était diplomate, il était curieux d'art et d'archéologie. Il prit à sa suite deux peintres habiles auxquels il fit dessiner tous les objets d'antiquités qui frappaient son attention ; il achetait des médailles, enlevait des marbres, copiait des inscriptions dont quelques-unes sont aujourd'hui au Louvre. On lui doit surtout la très

(1) Cf. sur cette ambassade, Charles Gérin, *Louis XIV et le Saint-Siège*, Paris, Lecoffre, 1894, t. II, p. 628.

précieuse série de dessins représentant les sculptures du Parthénon qui se trouvaient encore à peu près intactes au moment de son ambassade, série conservée depuis 1770 à la Bibliothèque Nationale.

Les dépenses énormes que faisait Nointel, autant pour soutenir la dignité de son poste que pour faire des acquisitions continuelles d'objets rares, mécontentèrent la cour. Nointel fut rappelé en 1678. Il revint « en France sur le vaisseau qui avait amené son successeur. Il rapportait une cargaison de marbres, une série de toiles roulées, de médailliers, de manuscrits sans nombre, et pas un sou vaillant ».

Bien qu'il fût disgrâcié, « il eut, cependant, permission de se présenter à la cour, et vit un instant le Roi. Sa Majesté lui fit même espérer une plus longue audience dans laquelle il rendrait un compte verbal de sa mission. Malheureusement, cette promesse, surprise à une passagère pitié, ne fut pas tenue ; l'audience justificatrice qui terminerait ses malheurs, Nointel l'attendait à bref délai ; cinq ans après, il attendait encore ».

« Il vivait alors à Paris, dans le quartier Saint-Roch ; c'était assurément en quelque logis médiocre, obscur, sentant la pauvreté et abritant pourtant des restes d'opulence, un désordre d'œuvres d'art et un pêle-mêle de choses étranges. Sans doute Nointel faisait argent de tout cela, lorsqu'il en trouvait l'occasion ; mais cette ressource ne suffit pas à le sauver d'un dénuement extrême. Les détails de son infortune sont navrants. Pour prendre soin de lui, il n'avait plus sa mère, celle-ci étant morte en 1676 à Port-Royal, après avoir espéré jusqu'au bout que la fortune brillante de son fils la consolerait de ses propres disgrâces. Le frère qu'il avait emmené en pays turc, était mort à Constantinople ; un autre était chevalier de Malte et courait les mers. Des collatéraux s'émurent de pitié ; la maréchale de Matignon fit une pension très modique ; d'autres ajoutèrent quelque chose. Tout compris, Nointel finit par avoir pour vivre et se défrayer entièrement trente sols par jour. Et, toujours chimérique, se nourrissant d'illusions, il continuait à regarder du côté de la cour, attendant tout du Roi, de l'astre majestueux qui lui était apparu un jour en consolateur et qui depuis se voilait obstinément... Miné par le chagrin, usé, vieilli, Nointel mourut d'apoplexie le 31 mars 1685;... on l'inhuma le lendemain ou le surlendemain à Saint-Roch (1). »

C'est au milieu de cette pauvreté que Nointel qui, au cours de son ambassade avait correspondu avec le Cardinal Cybo, lui envoyait de Paris ses impressions et des renseignements sur les événements qui se rapportaient à la politique française vis-à-vis de la Turquie. Il avait la manie, la rage d'écrire, il avait, d'ailleurs, fréquenté jadis des salons littéraires et précieux, et il s'y était fait remarquer par ses prétentions au beau style, les grâces fleuries et la magnificence de ses récits. Sur la fin de sa vie, il était sans doute encore possédé des mêmes goûts.

Les deux lettres que nous avons extraites de l'*Archivio,* se rapportent à la lutte de Louis XIV contre les États barbaresques et la Turquie. Dans la première il communique ses réflexions sur les difficultés qui s'étaient élevées par suite de la capture d'un bâtiment français sur les côtes de Provence par des corsaires de Tripoli. Duquesne, avec six ou sept vaisseaux, avait donné la

(1) Albert Vandal, *L'odyssée d'un ambassadeur. Les voyages du marquis de Nointel,* Paris, Plon, 1900, p. 255.

chasse à ces corsaires à travers toute la Méditerranée et l'Archipel jusque dans le port de Chio. Selon une relation française, le pacha de Chio fit tirer le premier sur la flotte du roi. Duquesne aussitôt lança contre la ville quatre mille boulets qui endommagèrent les maisons, tuèrent quatre-vingts musulmans, en blessèrent huit cents. Le pacha épouvanté demanda du secours à Constantinople d'où l'on expédia le capitan-pacha avec quarante-huit galères et une armée au secours de Chio. Celui-ci, en arrivant, manqua de vivres et dut s'accommoder. Il força les pirates à rendre leur proie (4 décembre 1681).

La seconde lettre à laquelle est jointe une relation, est relative à la première attaque de Duquesne contre Alger. Il ne soumit pas la ville, et le roi n'eut que « la satisfaction, — c'est lui qui parle, — de voir que le petit nombre de bombes qui avaient été jetées sur la ville, n'avait pas laissé d'y mettre une grande terreur ». C'était la première fois qu'on employait les galiotes à bombes, imaginées par Renau d'Eliçagaray (1).

I

Monseigneur,

Il y a longtemps que je n'ay proffité de la liberté que m'a donnée Vostre Eminence de luy escrire, mais i'ay creu

(1) Sur les bombardements d'Alger par Duquesne, cf. *Œuvres de M. de Fontenelle,* Paris, 1767, t. VI, p. 91 et suiv., dans l'*Eloge de M. Renau*; Voltaire, *Le siècle de Louis XIV*, édition Rebelliau et Marion, Paris, Armand Colin, 1894, p. 204-206; Casimir Gaillardin, *Histoire du règne de Louis XIV,* Paris, Lecoffre, 1875, t. V, p. 31.

que ie ne pouuois m'hazarder de l'entretenir que des choses dont ie serois le mieux instruit et qu'il ne falloit pas interrompre temerairement ces glorieuses occupations qui le font agir nuit et iour pour le bien de la chrestienté soubs les ordres d'un pape qui remplit les désirs de toutte l'Église, estent le modelle d'une ueritable sainteté, d'un parfait désintéressement, d'une uigilance infatigable, et une source toutte de lumiere; ie suis par ces motifs demeuré dans le silence, en attendant que les affaires de Constantinople me fournissent quelque moyen de me resjouir auec Vostre Eminence de l'ouuerture qu'elles donneront à quelque mouuement contre les infidelles.

J'ay ressenti, Monseigneur, un plaisir singulier de uoir que toutte la chrestienté a deu estre conuaincuë de la foiblesse des Othomans sur mer, et particulièrement Vostre Eminence, sur ce que j'eus l'honneur de luy en escrire auant mon départ de la Porte, car on ne peut refuser de se rendre à cette conuiction apres auoir veu Mr du Quesne, lieutenant general des armées naualles de Sa Maiesté, mespriser une forteresse et un port du grand Seigneur situés pour ainsi dire aux portes de Constantinople.

On l'y a ueu auec cinq ou six uaisseaux y battre les Tripolins, les reduire à l'extrémité, les y tenir assiégés et y estre maitre de quarente galères du Sultan qui y estoient entrées et qui auparauant ne luy firent que des ciuilités. Il uisitoit touts les bastiments qui uouloient y aborder pour se guarder du soupçon qu'ils portassent du secours aux barbaresques, et il fit suffisamment cognoistre à l'admiral turc sa résolution de ne le point laisser sortir s'il ne lui remettoit les Tripolins, ou s'il ne les réduisoit à se soumettre.

Je dois adiouster que touts les officiers de l'armée naualle infidelle estoient bien ayses d'estre ainsi renfermés plus tost que de se voir exposés à la nécessité de combattre par quelque ordre de leur empereur, s'ils eussent été dehors, et enfin rien ne peut estre plus considerable que de uoir eschouer l'orgeuil et l'authorité du grand visir et de son maître contre la contrainte d'ordonner à l'admiral turc de faire la paix des Tripolins, paix glorieuse ayant esté extorquée du trosne des Osmans, paix digne d'une remarque immortelle par l'obseruation que le sultan dans sa ville capitale si proché de Chio ne s'est pas creu capable de deffendre les Tripolins contre six uaisseaux françois si esloignés de leur pays.

Mr du Quesne vouloit encore apres cette expedition retenir les galeres, mais Mr de Guilleragues en ayant empesché l'exécution, Votre Eminence uera de quelle maniere cet Ambassadeur a terminé de si beaux commencements (1).

Je prens la liberté de luy en enuoyer une relation (2) qui, pour estre un peu figurée à cause de certaines comparaisons, n'en est pas moins ueritable. J'y parle auec un peu de chaleur, mais c'est une chaleur animée du regret de la bonne fortune des Turcs qui faict tourner à leur auantage et à leur gloire ce qui deuroit contribuer à leur confusion et ouurir les yeux des chrestiens.

Les miens seront tousiours ouuerts pour descouurir les occasions de signaller mes tres proffonds respects et ma veneration tres soumise à Sa Sainteté et mes obeissances à Vostre Eminence.

Je vous supplie tres humblement, Monseigneur, de me guarder le segret qui m'empescheroit de continuer ce commerce s'il vous estoit agréable, et d'y adiouster la grâce de me croire aussi respectueusement qu'on le peut estre,

Monseigneur,

De Vostre Eminence
tres humble, tres affectionné
et tres obeissant seruiteur,

De Nointel.

(1) Nointel ne peut s'empêcher de laisser percer quelque humeur contre Guilleragues, son successeur à l'ambassade de Constantinople; mais, en cette circonstance, Guilleragues dut se conformer sans doute aux instructions de Louis XIV qui, d'autre part, écrivait à Duquesne que « pour le commerce de ses sujets dans le Levant et en considération de l'état présent des affaires de l'Europe, il ne fallait pas de guerre avec le grand Seigneur » (Casimir Gaillardin, *Histoire du règne de Louis XIV*, Paris, Lecoffre, 1875, t. V, p. 25-26).

(2) Nous n'avons pas rencontré cette relation.

Mon addresse est à Paris,
ruë Neuue St Roc (1) proche
la porte Gaillon (2).

II

Monseigneur,

Je viens d'informer Vostre Eminence de la glorieuse entreprise contre Chio et les conséquences qui s'en peuuent tirer contre les infidelles, en voicy une continuation, et c'est le mesme Mr du Quesne qui en fournit la matière. Il a passé de l'une à l'autre, n'ayant faict qu'un entrepos en France pour y relayer de vaisseau, et l'on peut dire que sa patrie qu'il a ueu comme à la desrobée ne luy a esté agreable que par le plaisir de la quitter affin de courir plus viste aux occasions de signaller la gloire de Sa Maiesté. Il est uenu dans cet esprit à la rade d'Alger où les mauuais temps d'une saison trop auancée, la deffense naturelle d'une coste herissée de roches, le reduit de la mer pour former un mosle auquel l'art a adiousté peu de choses, les forteresses qui seruent de portiers redoutables à son entrée, aussi bien qu'à la ville, la situation de cette ville deffenduë par de bonnes fortifications munies de deux cent canons de 30, quarante et 60 liures de calibre, la fabrique de ces maisons, et la resolution et preparation de ces habitants pour la bien deffendre, sembloient autant d'escueils capables de faire eschouer une

(1) La rue Neuve-Saint-Roch partait de la rue Saint-Honoré et aboutissait à la rue Gaillon. La rue Neuve-des-Petits-Champs passait entre elles deux. La topographie de cette partie de Paris n'a pas beaucoup changé. On a joint l'ancienne petite rue du Dauphin (en 1675, rue Saint-Vincent) à la rue Neuve-Saint-Roch qui part maintenant de la rue de Rivoli, et s'appelle simplement la rue Saint-Roch. La rue Gaillon existe toujours et se termine par le carrefour Gaillon qui doit se trouver à peu près sur l'emplacement de l'ancienne porte de Paris qu'on appelait la porte Gaillon.

(2) *Archivio*, inscr. 21.

autre force que celle de onze vaisseaux, cincq galliottes, trois barques et huict ou dix bastiments de charge.

Il a parut que les vents et les tempestes uouloient secourir les infidelles en les guarantissant trois fois de la punition qui alloit tomber sur eux. Ils eurent encore le bonheur une quatriesme de uoir l'inutilité des bombes, faute de n'auoir pas assez approché la ville, et enfin l'accident des carcasses rendues inutilles ou par le deffaut du fer ou par le transport sembloit promettre aux Algeriens une entière impunité, mais touts ces obstacles et contretemps n'ont serui qu'à donner du lustre à la conduitte de Mr Duquesne et à exercer sa profonde intelligence de la mer : on a veu ces retraittes se faire glorieusement sans aucun trouble d'abbordages et autres accidents, qui sembloient ineuitables à des temps aussi fascheux que ceux qu'il a essuyé.

Lorsque les Infidelles se promettoient une plus grande fortune de la saison qui s'auançoit, n'attendants pas moins qu'une entiere deliurance, ils furent contraincts la nuict du trente Aou de uoir un feu de joye de cette deliurance imaginaire, il fust allumé et continué par six vingt bombes durant six heures et accompagné des cris de ioye des françois pendant que les Algeriens qui y fournissoient la matiere par la cheutte et renuersement de leurs maisons et mosquée et la perte de leurs vies faisoient entendre des hurlements et d'epouuantables lamentations.

Une reussite si heureuse et si nécessaire fut suiuie dans la ville de la nécessité de chasser les femmes, les enfants et les iuifs et de la part de Mr du Quesne d'un autre iet de bombes qui s'executta le trois septembre et confirma le premier trouble.

Une galere ennemie estant sortie pour enleuer les bastiments qui iettoient ces feux infernaux, on la contraignit de s'en retourner plus uiste qu'elle n'estoit uenue auec une perte considérable, d'où les puissances de la ville se crurent obligées de tenter quelqu'accommodement, mais Mr du Quesne, uoyant qu'un françois qui est le uicaire apostolique en uenoit faire l'ouuerture, le renuoya en disant que les Algériens deuoient donner cette commission à quelqu'un d'entre eux des plus considerables.

Il a fallu renuoyer les galliottes à mortier ainsi nommées parce qu'elles seruent de fondement et d'appuy à faire uosler le feu de la mer sur terre ; on asseure aussi que Mr du Quesne s'en reuient et qu'il laisse cinq ou six uaisseaux deuant Alger pour tenir ces uosleurs en prison et guarentir ainsi la chrestienté du dommage qu'elle en reçoit.

Voilà, Monseigneur l'abbrégé d'une relation que ie prens la liberté d'enuoyer à Vostre Eminence, mais permettés moy d'y adiouster quelques reflexions.

On n'auoit point encore entendu parler de ietter des bombes de là mer à terre, et de les faire tomber dans une ville pour y porter la désolation (1). Celle d'Alger si fauorablement située et si bien deffenduë par l'art et la nature faisoit croire plus impossible de se guarentir de la perte qu'elle pouuoit causer à ses aggresseurs que de luy porter aucun dommage considerable par des machinnes qui semblent demander un appuy plus solide et moins susceptible d'agitation que celuy d'une barque ou galliotte, que l'impetuosité du feu, aussi bien que le mouuement de l'eau, peuuent esloigner de la portée qui luy est necessaire. On ne pouuoit pourtant se seruir de ces machinnes que sur ces bastiments legers capables de s'approcher dauantage, et faicts exprès pour obuier à certains inconuenients, et on ne laissoit pas dans l'impossibilité de tout preuoir d'apprehender encore quelqu'irreussite, mais nous en auons maintenant un essay fauorable qui eut esté poussé bien plus loing si les carcasses eussent réussi, et si l'on se fust engagé plus tost dans cette entreprise.

Nous pouuons croire que cette espreuve de désolation ayant esté sanctifiée contre les infidelles puisqu'elle a ruiné

(1) Cf. ce que dit Fontenelle dans l'*Eloge de M. Renau* : « En 1680, les Algériens nous ayant déclaré la guerre, M. Renau imagina qu'il falloit bombarder Alger, ce qui ne se pouvoit faire que de dessus des vaisseaux, et paroissoit absolument impraticable ; car jusque-là il n'étoit tombé dans l'esprit de personne que des mortiers pussent n'être pas placés à terre, et se passer d'une assiette solide. Les esprits originaux ont un sentiment naturel de leurs forces qui les rend entreprenans, même sans qu'ils s'en aperçoivent. Il osa inventer les galiotes à bombes... » (*Œuvres de M. de Fontenelle*, Paris, Saillant, 1767, t. VI, p. 91-92).

une de leurs mosquées et empesché l'exercice de leur religion, sera si agreable à Dieu qu'il destournera l'usage qui s'en pourroit faire contre les chrestiens pour en appliquer la consommation contre les mahométans.

Nous espérons sur ce principe qu'Alger estant purgée de ses habitants et de sa religion diabolique deuiendra une forteresse pour l'azille des chrestiens, au lieu que depuis longtemps elle leur sert de prison, et nous pouuons croire que la gloire d'un si grand ouurage empeschera le Roy d'entendre a aucune proposition de paix auec ces uolleurs. Ne peut-on pas penser que la gloire de Charles Quint n'y a eschoué que pour releuer dauantage celle de Sa Majesté et que l'empereur d'à présent ayant consenti à quelques prétentions du Roy qui sont tres iustes, donnera moyen à Sa Maiesté de secourir puissamment l'Allemagne contre les Turcs qui auront grand subiect de craindre qu'Alger à qui ils donnent la qualité de théâtre de la guerre, mais d'une guerre toute de triomfe pour eux, ne deuienne par sa destruction le gage de ce qui se peut faire contre Constant[inople]. Il seroit bien plus facille de brusler cette ville Imperialle, et il seroit beau d'en uoir l'embrasement seruir de feu de ioye aux batailles qui se gagneroient encore en Hongrie par les secours de Sa Maiesté.

Si Constantinople estoit bruslée, et les Turcs battus en Hongrie, l'on uerroit ce grand collosse attaqué de touts costés. Le Roy continueroit ses progrets par mer, les autres qui n'auroient point encore eu de part dans la guerre en voudroient proffitter, et ainsi il seroit difficille que ce tiran du christianisme pût résister. Uoila de grands projets qui paroissent faciles à la raison politique et uniuerselle du christianisme, mais peut estre que Dieu, ne nous ayant pas encore assés puni par ce fléau de sa colère, permettra que le grand Seigneur obtienne de grands auentages en Hongrie, et qu'il les confirme par un renouuellement de treue pour tomber ensuitte sur les Vénitiens que l'on ne pouroit secourir à cause d'une guerre en chrestienté. Il pourra aussi arriuer que l'on fera la paix auec Alger et que les nouuelles machines de feu tomberont sur les uilles maritimes des chrestiens, affin que, se destruisant réciproquement, l'ennemi commun fasse de plus grands progrès. Je quitte, Monseigneur, cette matiere qui me tient fort au cœur pour vous asseurer qu'on ne peut estre auec plus de respect et d'attachement qne ie le suis,

Monseigneur
De Vostre Eminence
tres humble, tres affectioné
et tres obeissant seruiteur
De Nointel (1).

III

A la rade d'Alger, le 11e septembre 1683.

Estant party de Toulon le 12e juillet et ayant passé, à la veue de Barcellone, à Juic et Formentieres (2) qui estoient le rendé vous des Galeres et où nous les auons jointes, nous arriuasmes en cette rade le 23e du mesme mois, où Messieurs les cheualliers de Touruille et de Lhery nous attendoient auec leurs escadres, ce qui faisoit en tout onze vaisseaux de guerre. Monsieur le marquis de Reuilly qui deuoit aussy s'y rendre auec la sienne estant resté à Cadis, nous auions encore quinze galeres, cinq galliotes à mortier venues de ponant, trois barques du Roy et huit ou dix autres bastiments de charge, y compris trois bruslots.

Le 24e, au soir, sur l'auis que le general Monsieur le Marquis du Quesne eut d'un esclaue qui s'estoit sauué à la nage qu'il y auoit sous la forteresse de Cercely (3), ville des ennemis, à trente cinq ou quarante miles à l'ouest d'Alger une frégate et une barque de cours, il mit à la voile auec quatre vaisseaux et huit galeres pour y aller, où estant arriué le lendemain après une canonade de six a sept mil coups qui reduisit la forteresse et la ville dans un pitoyable estat, on alla mettre le feu à ces bastimens, nonobstant le canon du

(1) *Archivio*, mscr. 21.

(2) Probablement les hauteurs et le castillo de Monjuich, au bas desquels se trouve l'avant-port de Barcelone, et le cap Formentor, au nord-est de Majorque, à moins que ce ne soit l'île de Formentera, la plus méridionale des Baléares.

(3) Auj. Cherchell.

fort et quatre à cinq cens mousquetaires retranchés qui s'y opposoient.

Monsieur le marquis du Quesne estant de retour à la rade d'Alger le vingt sept alla auec messieurs les autres commandans sonder les fonds proche de la ville et trauailler à regler les ordres de battaille pour donner l'attaque au premier tems fauorable. Le mesme jour arriua un vaisseau holandois auec pauillon de contr'admiral qui venoit à Alger pour y prendre les esclaves de sa nation en vertu du traité de paix que le mesme capitaine auoit, il y a deux ans, fait auec cette ville; mais Monsieur le general ne luy ayant permis aucun commerce auec elle jusqu'à ce que nous eussions fait nos affaires, il demeura cependant mouillé dans cette rade ou il a esté témoin de tout ce qui s'y est passé.

Le 29e Monsieur le General auroit commencé l'attaque sans un vent du Nord est qui est le trauersier, ce qui suruint une heure apres si fort que toute l'armée auroit couru risque de se perdre à la coste.

Le 5e aoust, le tems estant beau, et le sieur Camelin, capitaine des bombardiers, ayant représenté que l'effet des bombes seroit plus esclatant la nuit que le jour, on s'y prépara pour le soir, et à ce sujet les signaux et le pauillon de combat estant mis, chaque galere vingt prendre son vaisseau ou galiote à la remorque, et l'on auoit desja commencé de marcher en ordre droit à la ville lorsque un gros chargement de tems au Nord et une obscurité extraordinaire en empescherent l'execution. Cependant les galeres qui se tenoient ordinairement à l'abry du cap Matifou pâtissoient beaucoup du mauuais tems, et encore plus de la soif; c'est pourquoy Monsieur le Cheuallier de Noailles les fit touttes approcher de l'Admiral le 3e pour demander à s'en aller chercher de l'eau sans laquelle les chiormes ne pouuoient plus subsister; mais le tems estant beau, l'on marcha le mesme soir en battaille jusqu'à demy portée du canon de la ville où estant prets à mouiller pour la canoner, une tempeste de tonnerre et de tourbillons de vent de terre meslé de pluye suruenant tout à coup nous fit gagner le large plus viste que n'auroit pu faire tout le canon des ennemis, de maniere qu'on eut toutes les peines du monde à se garantir des abordages et autres accidens presque ineuitables sans la sçauante et sage conduite qui gouuernoit et celle de Messieurs les autres Commandants et Capitaines de vaisseaux et galeres qui fut admiree par le Capitaine holandois et deux autres du Roy d'Angleterre qui y estoient de passage depuis le jour précédent et qui, suiuant leur propre aueu, n'admirerent pas moins l'intrepidité et la manière dont toute l'armée alloit teste baissée contre une ville aussi forte que celle la, parmy des courans tres dangereux, ne pouuant appartenir qu'aux François de faire une telle action.

Le vent continuant assés fort au Nord est, les galères ne laisserent pas de partir le quinzieme, apres quoy Monsieur le general songea aux moyens d'executer auec ses nauires seuls et les galiotes ce qu'il y auroit à faire contre Alger, ce qu'ayant déterminé et reglé, il alla pour ce sujet le dix sept moüiller auec tous les bastimens à portée de canon au nord de cette ville, qui nous tira enuiron deux cens coups sans aucun dommage.

On destina cinq de nos vaisseaux à donner les amares aux cinq galiotes, et les soutenir auec leurs canons, et ils deuoient, aussi bien qu'elles, se haler sur des ancres à touer, afin de s'approcher de la ville. Nous auions de plus nos trois barques qui vont à la rame, un londre (1) pris à notre arriuée icy que l'on arma de cent quatre vingt hommes sous le commandement de Monsieur le Comte de Seppeuille, et toutes les chaloupes qui deuoient accompagner les galiotes de plus pres pour les deffendre contre les bastimens qui auroient pu sortir de la ville et les insulter.

Le 21e, le tems estant deuenu fauorable, les vaisseaux et galiotes s'approcherent du môle à la lueur de plusieurs coups de canon qu'il tira ; mais le sieur Camelin, à la volonté duquel on auoit placé les galiotes, s'estant mespris à la distance de leur poste jusqu'à la ville (à quoy sur mer il faut estre accoutumé), il se trouua que les bombes ne purent

(1) *Londre*, c'était, selon Gattel, « un vaisseau de bas bord en forme de galère, mais plus matériel » (*Dictionnaire universel de la langue française*, Lyon, Buynand, 1819, t. II, p. 109). Ce serait, d'après Littré, « un petit navire italien à rames et à voile, non ponté ». Littré fait de ce mot un substantif féminin, d'après un exemple de Spon, mais Catineau, Gattel, Boiste, le *Complément du Dictionnaire de l'Académie française* (Firmin Didot, 1847) le font du masculin. C'est ainsi qu'il est employé ici.

jamais aller assés loin, et que le fer des carcasses (1) estant trop minime et trop aigre, ou peut estre à cause qu'elles s'estoien gastées par les transports et la mer, ne pouuoient souffrir l'effort de la poudre, se creuant toutes à la sortie ou mesme dans le mortier, dont il y eut une galiote en danger d'estre bruslée. C'est pourquoy apres une epreuue de douze à quinze bombes et carcasses, on se retira dans le mesme ordre que l'on estoit auparauant.

Monsieur le General fit ensuite prendre de nouuelles mesures, afin que les galiottes pussent s'aprocher dauantage, ce qu'elles firent le trentiesme au soir ; s'estant halees aussi près qu'elles voulurent sous le commandement de Messieurs les Cheualliers de Touruille et de Lhery, elles tirerent jusqu'au signal de l'admiral pour s'en retourner, pendant six heures enuiron, cent vingt bombes qui desolerent la ville et le môle où l'on voyoit et on entendoit leur effet meslé de cris epouuentables des infideles ausquels nos gens animés respondoient par d'éclatans *Vive le Roy!* Nous n'y perdismes, Dieu mercy, personne, ce qui est la chose du monde la plus singuliere, veu les furieux coups de canon de trente six, quarente huit et soixante liures de calibre que les ennemis tirerent pendant toute la nuit au nombre de plus de quinze cent. Il se sauuoit de tems en tems quelque esclave, et celuy qui vint le lendemain nous assura du grand rauage des bombes qui auoient bouluersé plus de cinquante maisons et tué cent cinquante à deux cent personnes, et autres particularités depuis confirmées.

Le 3e de septembre, on alla encore pour jetter des bombes en la maniere accoustumée et, voyant qu'on ne faisoit aucun feu de la ville, dont au contraire on s'estoit abstenu d'esclairer les clochers des mosquées, estant le premier jour du Ramazan, on jugea qu'il y auoit quelque dessein caché. En effet nos galiotes n'eurent pas sitost commencé de tirer qu'il sortit une galere auec deux brigantins pour en enleuer quelqu'une, et s'approcher d'elles jusqu'à portée de pistolet, faisant sa descharge de canon et de mousqueterie. L'on y

(1) *Carcasse,* « machine à feu composée de deux cercles de fer qui se croisent en ovale, dans laquelle on met une bombe avec des grenades, des pistolets, des feux d'artifice, etc., et qui se jette comme les bombes » (Littré).

respondit auec tant de vigueur, Monsieur le General, par son admirable preuoyance, ayant renforcé de soldats et d'artillerie chaque galiote, que la galère ne fut pas plus tost arriuée qu'elle fut receue d'une terrible maniere et contrainte à s'en retourner sans autre honneur que celuy d'estre accompagnée en queuë par nos chaloupes et nos barques à grands coups de canon à mitraille, de pierriers et de mousquet jusqu'à l'entrée du port. Nos galiotes continuerent auec une egale tranquilité leur exercice et la ville recommença le sien qu'elle croyoit plus solide par un tonnerre horrible de coups de canon. Quoyque cette action fut extrêmement chaude et vigoureuse, comme il est aisé de se le persuader, nous n'y auons eu que huit hommes de tués et quatorze blessés, dont Monsieur le Cheuallier de Cominges a eu l'espaule percée d'une mousquetade.

Le lendemain quatrieme le Dey et le Diuan d'Alger se trouuant dans une grande consternation du rauage de nos feux infernaux et de nos pignates, ainsi qu'ils les nommoient, qui les auoient obligés à faire sortir de la ville femmes, enfans, Juifs et autres personnes inutiles qui ne font que crier et exciter au tumulte, résolurent enfin de prendre par force le canot du vaisseau holandois, car Monsieur le General, après que nous eûmes fait jouër nos bombes la premiere fois, luy auoit permis de s'aprocher de la ville et d'y commercer, estant mouillé proche de l'endroit où nostre armée subtile auoit fait ce combat naual dont la vigueur et particulièrement la reussite contre des gents frais et animés par la promesse d'une recompense considérable, ne l'auoit pas moins surpris que tout le reste ; ils firent embarquer sur ce canot le Père Le Vacher, Consul de France à Alger, pour venir demander à Monsieur le Marquis du Quesne s'il vouloit traiter de la paix, le priant cependant de faire cesser le jet des bombes. Lequel le renuoya (1) auec ordre de leur dire que s'ils auoient à faire à luy, ils deuoient venir eux mesmes luy parler, et prendre sa response, n'en ayant point d'autre à luy donner. Et le mesme soir, le tems estant calme, l'on continua toujours a jetter des bombes, n'y ayant neanmoins que

(1) A son retour dans Alger, le P. Le Vacher fut placé devant la bouche d'un canon et lancé, comme projectile, contre la flotte française.

trois galiotes, afin d'auoir les deux autres plus fraîches et mieux en estat d'agir pour le lendemain que l'on deuoit y retourner, sans le vent du nord et qui vint assez fort, et qui dure encore.

Entre toutes les considérables circonstances de cette campagne, il est particulièrement à remarquer que Monsieur le Marquis du Quesne n'a pas fait faire le moindre mouuement, soit marche generale de toute l'armée, ou destachement de chaloupes a Cercely et icy, comme il a esté dit, qu'il ne soit sorti de son bord pour aller visiter, disposer et ordonner dans chaque bastiment grand et petit, et pour ainsi dire le faire agir luy mesme auec une vigilance et des fatigues incroyables à qui n'auroit pas l'honneur de le connoistre, passant en canot toutes les nuits parmy les galiotes et les chaloupes, estant toujours present partout ou si quelquefois ayant tout mis en estat, il s'est retiré plutost qu'elles, on l'a veu demeurer le reste de la nuit sur le pont, prenant plaisir à compter luy mesme les bombes, et à voir si bien reussir ses projets qui estoient fidelement executés par la prudente et genereuse conduite de Messieurs les Cheualliers de Touruille et de Lhery, de Beaulieu, de Bellile, et des autres officiers, secondés de la vaillance de Messieurs les Ducs de Mortemart et de Villars, de Messieurs le Marquis de Bellefonds, Comte de Seppeuille, du Chalar, des Cheualliers de Cominges et de Lozun et autres, ces illustres volontaires qui s'embarquoient chaque soir dans les chaloupes ou sur les galiotes s'estant comme à l'enuie piqués de montrer ce qu'ils sont capables de faire, quoyque les chiens infideles contre lesquels ils se battoient, ne méritassent pas d'estre honorés de leurs coups.

Vn esclaue de la Ciotat, sauué de la ville ce matin, nous a encore confirmé le rauage epouuentable des bombes, ayant coulé à fonds des bastimens dans le port et tué près de deux cent personnes dans une mosquée et que la genereuse galere qui auoit voulu faire l'expedition contre nos galiotes, s'estoit contentée pour tout auantage de n'auoir que dix neuf turcs et cinq esclaves tués et presque tout le reste blessé. Cependant la saison estant trop auancée et le mauuais tems commenceant à venir, Monsieur le Marquis du Quesne a jugé à propos de renuoyer en France sous l'escorte du *Cheual marin* commandé par Monsieur le Marquis de la Porte les cinq galiotes et autres bastimens qui ne peuuent plus rester dans ces cartiers où nous deuons rester jusqu'à nouuelles conjonctures, les vaisseaux d'Alger estant la pluspart mastez et prets à sortir (1).

Pellisson.

Les deux lettres suivantes se rattachent à la dernière partie de la vie de Pellisson (2). Celui-ci qui avait été le défenseur de Fouquet, appartenait à la religion protestante. Il abjura en 1670 le protestantisme entre les mains de Gilbert de Choiseul, évêque de Comminges, qui fut par la suite évêque de Tournai (3). Il fut ordonné sous-diacre et pourvu de l'abbaye de Gimont (4) et du prieuré de Saint-Orens, bénéfices situés dans le diocèse d'Auch et qui produisaient ensemble quatorze mille livres de revenus. Il obtint aussi (1676) l'abbaye de Saint-Barthélemy de Bénévent (5). Il avait

(1) *Archivio*, mscr. 21.

(2) Cf. Marcou, *Etude sur la vie et les œuvres de Pellisson*, Paris, Didier, 1859, in-8; Frédéric Godefroy, *Histoire de la littérature française*, XVIIe siècle, *Prosateurs*, Paris, Gaume, 1878, t. I, p. 225 et suiv.; Pellisson et d'Olivet, *Histoire de l'Académie française*, Paris, Didier, 1858, en particulier, t. II, p. 256-271; Fabre, *Chapelain et nos deux premières Académies*, Paris, Didier, 1890, *passim*; René Kerviler et Ed. de Barthelémy, *Valentin Conrart, sa vie et sa correspondance*, Paris, Didier, 1881, p. 174; *Mémoires de Louis XIV pour l'instruction du Dauphin*, édition Charles Dreyss, Paris, Didier, 1860, t. I, p. CLV.

(3) Pellisson se retira à la Trappe avant et après son abjuration. — Cf. l'abbé Dubois, *Histoire de l'abbé de Rancé*, Paris, Bray, 1866, t. I, p. 386.

(4) Gimont, auj. chef-lieu de canton de l'arrondissement d'Auch (Gers), 2 734 hab.

(5) Bénévent, *Beneventum*, abbaye d'hommes de l'ordre de Saint-Augustin, de la congrégation de Sainte-Geneviève, au diocèse de Limoges. Elle avait été fondée en 1048 à Secondelas, près Limoges, puis transférée à Bénévent, — aujourd'hui Béné-

acheté en 1671 une charge de maître des requêtes. Il devint successivement économe (1) de Cluny, de Saint-Germain-des-Prés et de Saint-Denis. Le roi consacra le tiers des revenus des économats à la conversion des protestants, et confia à Pellisson l'administration de cette caisse. « Organiser des bureaux de prosélytisme, — dit M. Foisset, — inviter les évêques à faire leur cour au monarque en lui envoyant des listes de convertis, faciliter ce résultat par des indemnités pécuniaires en faveur des nouveaux catholiques déshérités par leurs parents, et recevoir les actes des abjurations : telles étaient les fonctions de l'espèce de ministère dont Pellisson était chargé. Il paraît que, pour étendre les conquêtes de la croyance qu'il avait embrassée, il fournit les fonds à pleines mains, et reproduisit les traces de la comptabilité de Fouquet : du moins la tradition qui se conservait dans les bureaux des économats ne

vent-l'Abbaye, chef-lieu de canton de l'arrondissement de Bourganeuf (Creuse), 1892 hab. Dans sa tournée pastorale en 1629, François de la Fayette, évêque de Limoges, se fit reconnaître pour supérieur de l'abbaye, avec droit de visite, par les onze religieux et les trois novices qui composaient cette communauté. L'abbé de Bénévent disposait de vingt-sept bénéfices, d'après le Pouillé du diocèse de Limoges de 1773. M. Jean-Baptiste de Saint-Vallier, qui fut sacré évêque de Québec le 24 janvier 1688, était à cette époque abbé de Bénévent. En 1750, un M. Lemaire était nommé à cette abbaye dont le revenu était alors de 8000 livres. — Cf. J. Aulagne, *La Réforme catholique du dix-septième siècle dans le diocèse de Limoges*, Paris, Champion, 1906, p. 8 et *passim*.

(1) « On appelle *économes* des séquestres nommés par le Roi pour administrer les biens et revenus, tant des bénéfices qui sont à la nomination du Roi pendant la vacance, que des autres bénéfices dont les fruits sont saisis ou séquestrés en vertu d'ordonnance de justice » (Denisart, *Collection de décisions nouvelles et de notions relatives à la jurisprudence actuelle*, Paris, Vve Desaint, 1771, t. II, p. 274).

lui était pas favorable (1). » Après avoir consacré toute la fin de sa vie aux questions et aux affaires religieuses, correspondu avec Leibniz au sujet de la réunion des Eglises et de la tolérance religieuse (2), terminé un traité de l'Eucharistie contre le ministre Aubertin, il mourut subitement le 7 février 1693 (3). Il laissait une situation obérée au point de provoquer les critiques de son ami La Fontaine qui n'a jamais passé pour une incarnation de l'ordre dans la vie. Les témoignages que rendent à M. Pellisson, M. de Meaux et M. de Cambrai, écrivait La Fontaine à Maucroix, « n'empêchent pas que notre ami n'ait eu tort de faire des dettes et de ne pas les payer. Qui l'obligeait à dépenser huit ou dix mille écus, devant, à ce qu'on dit, deux cent mille écus?... Il faut payer ses dettes, et il ne m'a point paru que notre ami s'en soit assez tourmenté ».

Des deux lettres suivantes de Pellisson, l'une, de juin 1681, est une lettre de remerciement pour un bref apostolique favorable à Pellisson, peut-être à propos du prieuré de Saint-Orens d'Auch (4); l'autre,

(1) M. Foisset, dans la *Biographie universelle* de Michaud, Paris, Vivès, *s. d.*, t. XXXII, p. 414.

(2) Cf. Jean Baruzi, *Leibniz*, Paris, Bloud, 1909, p. 52 et *Leibniz et l'organisation religieuse de la Terre*, Paris, Alcan, 1907, in-8, 2e partie, chap. II et IV, pp. 267-424.

(3) Le bruit courut alors que Pellisson était mort dans des sentiments huguenots. Il était d'autant plus amusant pour les protestants de faire courir le bruit qu'il ne s'était réellement pas converti, qu'il avait été administrateur de la caisse de secours pour les nouveaux convertis. Sur ces rumeurs qui n'ont été qu'une malice de parti, cf. Bossuet, *Correspondance*, édition de MM. Ch. Urbain et E. Lévesque, Paris, Hachette, 1912, p. 303 et suiv., lettres de Bossuet à Mlle du Pré, à Mme de Brinon, à Mlle de Scudéry, p. 313, note 13 et p. 520, Appendice IV.

(4) Pellisson a publié à Paris, en 1682, des *Productions sur l'affaire du prieuré de Saint-Orens d'Auch*, 3 vol. in-12.

une lettre par laquelle Pellisson s'excuse d'avoir écrit directement à Rome au sujet de la sécularisation de l'abbaye de Bénévent, et d'avoir écrit trop longuement. Il est vrai qu'il n'avait pu s'empêcher de louer avec effusion la révocation de l'édit de Nantes. Il semble bien que c'est à cette mesure qu'il fait allusion, en parlant de « ce merveilleux développement de la foi catholique dans les Gaules par les soins de Louis le Grand » — *miro Catholicae fidei in Galliis, opera Ludouici Magni, progressu.*

I

Eminentissime Cardinalis

Et spes omneis meas et quidquid de Eminentiae vestrae humanitate animo conceperam, longe superauere, tum ejus amantissimae litterae, tum apostolicum Breue quod ei me debere satis intelligo. Sinat itaque me Eminentia Vestra quam paucissimis verbis, ne ei molestus sim, quas habeo perquam plurimas maximasque, ei gratias agere ; referre utinam liceret. Ecce iterum et minus prolixam epistolam, et me, meaque omnia apud Sanctitatem Domini nostri Eminentiae vestrae committo. Ego me nec eius fortunae, nec dignitati, nec gratiae quidquam addere posse scio ; famae si possem, vel apud praesentes vel apud posteros, officio nunquam defuturum me velim existimet, qui semper fuerim, nunc vero, eius etiam in me beneuolentia et beneficio, futurus sim, summa cum reuerentia,

Eminentissime Cardinalis,
Eminentiae Vestrae
Humillimus atque addictissimus seruus,
PAULUS PELLISSONIUS (1).

E Regia apud Fontem-Bellialdi,(2)
Die 29ª Junii anno 1680.

(1) Signature autographe.
(2) *Archivio*, mscr. 17.

II

Eminentissime Cardinalis,

Quantum Eminentiae vestrae ejusque pietati, sapientiae, perspicacitati, in rebus agendis vigilantiae, fidei, constantiae, dexteritati atque solertiae, Orbis Christianus debeat, neminem hodie esse arbitror qui ignoret. Singularis ejus humanitas nisi aeque nota esset, eamque nostrorum etiam familiarium plurimi experti essent, vix ausi essemus preces nostras ad Sanctitatem Domini nostri Eminentiae vestrae humillima, ut facimus, prece commendare. Quod mihi tamen faciendum omnino videbatur, cui duplici venia apud Sanctitatem Domini nostri opus sit, primum quod ipse ad eam, deinde quod prolixius scripserim. Quod scripserim, idque de Abbatiae Beneuentanae saecularisatione, fecit praecipue Illustrissimus Episcopus Lemouicensis (1) multis suis ad me epistolis: quarum etiam postremam propria ejus scriptam manu huic subjungere visum est. Quod uero fusius scripserim, deque re prorsus alia, minime tamen a sancta Apostolica Sede Summique Pontificis nostri ingenio aliena, de miro scilicet Catholicae fidei in Galliis, opera Ludouici Magni, progressu, nescio an in parte fecerit eadem illa Eminentiae Vestrae nunquam satis laudata humanitas. Cum enim id argumenti tractantem, quod haud ingratum Eminentiae vestrae futurum sperabam, quidam me animi calamique aestus longius abriperet, sic mecum reputabam, Eminentiam vestram de nostra illa prolixiori epistola quodcumque opus esset atque operae pretium, uno verbo Sanctitati Domini nostri relaturam, reliqua praetermissuram silentio. Id ipsum ut facere dignetur, suppliciter nunc etiam atque etiam rogo, quicquid a tanto Ecclesiae principe beneficij acceperim, inter majora vitae nostrae decora positurus. Nec pluribus Eminentiam vestram morabor ; id unicum pollicitus quod unum praestare possum, memorem gratumque animum, vestraeque Eminentiae obseruantissimum, dum spiritus hos

(1) L'évêque de Limoges était alors Louis Lascaris d'Urfé sur lequel on peut consulter le livre précédemment cité de l'abbé J. Aulagne, p. 335 et suiv.

reget artus, ut nunquam esse desinam summa cum reuerentia,

Eminentissime Cardinalis,

Eminentiae vestrae

Humillimus et addictissimus seruus

Paulus Pellissonius (1).

[vers 1685] (2).

L'abbé de Rancé.

Nous empruntons à l'abbé Dubois (3) le récit des événements qui ont donné lieu à la lettre de l'abbé de Rancé que nous publions ci-après :

« La prudence qui est une vertu des saints, avait inspiré à l'abbé de Rancé la pensée de recourir au Père commun de toute la chrétienté pour obtenir en faveur de ses religieux de la Trappe un indult qui leur conférât le droit de s'élire un prieur qui serait chargé de les gouverner selon l'esprit et les maximes de la règle de saint Benoît, au cas où l'abbaye retournerait en commende. Sa Sainteté daigna l'accorder par un bref en date du 2 août 1677. Le roi voulut bien le faire enregistrer au Grand Conseil et expédier des lettres patentes pour son exécution (4).

Cette première faveur encouragea l'abbé de Rancé à en demander une autre. Il adressa au Pape une seconde requête, dans laquelle il exposait plus au long l'état de

(1) Signature autographe.

(2) *Archivio*, mscr. 18.

(3) Dubois, *Histoire de l'abbé de Rancé*, Paris, Bray, 1866, t. I, p. 579.

(4) La supplique de l'abbé de Rancé et la réponse du Pape se trouvent dans le *Manuscrit de Septfons*, cah. IX, p. 185 et suiv. Sur ce *Manuscrit de Septfons* auquel l'abbé Dubois renvoie souvent, on peut consulter son *Introduction*, au t. I, p. XXVI.

sa maison et de son Ordre, et sollicitait l'extension du bref à perpétuité, en restreignant, néanmoins, la gestion du prieur à la durée de trois ans, à moins qu'il ne fût réélu. Il témoignait le désir que ce prieur eût le pouvoir de recevoir les religieux à profession pour le monastère, autant de fois qu'il serait nécessaire pour y maintenir la régularité et la discipline, et de gouverner la maison, en tout, comme un véritable abbé.

Cette requête était accompagnée d'une lettre, datée du 18 octobre 1677, digne, pour le fond et la forme, de la première autorité du monde, à laquelle elle était adressée. C'était plus qu'une demande, plus qu'une supplique, c'étaient des larmes, des gémissements, des soupirs, même des cris de désolation. Il n'était pas possible, si le Souverain Pontife en prenait connaissance, qu'elle ne touchât son cœur de père. Nous la donnons presque tout entière, et nos lecteurs, nous en sommes sûrs, ne la trouveront pas trop longue... Voici comment il s'exprime (1)

« Nous ne serions point assez persuadés, très Saint Père, que Votre Sainteté a été, par la miséricorde de Dieu, élevée au plus haut degré de l'apostolat et chargée de la conduite de l'Eglise, pour travailler au salut et à la consolation de tous les fidèles, si nous ne pouvions avoir recours à Elle dans nos pressants besoins. En effet, très Saint Père, de quoi nous servirait-il que Dieu eût donné à l'Eglise un pasteur selon son cœur, orné de toutes les vertus que l'on remarque dans les apôtres, si ce pasteur n'avait des occasions de les exercer, en permettant à chacun de s'adresser à lui, et de lui découvrir les peines et les tourments de son âme? C'est dans cette vue, très Saint-Père, que je me prosterne humblement aux pieds de Votre Sainteté, pour lui exposer avec autant de confiance que de respect, ce que l'amour que j'ai pour Jésus-Christ

(1) Elle est tout entière dans le *Manuscrit de Septfons*, cah. IX, p. 189, d'où l'abbé Dubois l'a extraite.

et le zèle ardent de sa gloire ne me permettent pas de cacher. »

Il raconte ensuite sa conversion (1), ses débuts à la Trappe, ce qu'il y a trouvé et ce qu'il y a déjà fait :

« Ainsi, très Saint-Père, me voyant suivi de quelques Frères, qui s'étaient joints à moi dans le même esprit de religion, nous avons commencé à remettre en vigueur la retraite, l'éloignement des hommes, le silence perpétuel, la méditation de la loi de Dieu, le travail des mains, les jeûnes, les veilles, la pauvreté et l'austérité dans la nourriture et les habits. Zélés pour les lois de nos Pères, nous avons tâché de faire revivre les heureux âges des saints Benoît et Bernard, et les siècles d'or de Clairvaux, croyant qu'on ne pouvait point appeler téméraires les enfants qui font leur possible pour imiter la piété de leurs Pères. Dieu a eu égard aux prières des humbles, et a répandu tant de bénédictions sur l'ouvrage que nous avons commencé qu'en peu de temps on a vu plus de cinquante religieux ou convers se retirer dans ce monastère, quoique peu renommé, pour y passer le reste de leurs jours dans une vie pénitente.

Tous ceux qui ont le cœur pur, ont témoigné la joie que leur donnait un changement si prompt, dont on ne doit certainement toute la gloire qu'à Dieu seul. Ils ont, comme ils le devaient, loué le Seigneur d'avoir rebâti pour ses enfants une ville abandonnée depuis tant de temps, et rassemblé ses héritages dispersés. Voilà, très Saint-Père, quel a été l'état de ce monastère depuis près de quinze ans. Cette plante nouvelle ne s'est point ressentie du trouble répandu dans tout l'Ordre ; il semble, au contraire, que l'orage n'ait servi qu'à lui faire pousser de plus profondes racines. J'oserai dire que cette institution naissante, semblable à un rocher, est demeurée inébranlable par le secours de celui qui commande à la mer et aux vents. »

(1) « La douleur que j'avais conçue de mes péchés, dit-il, le rigoureux examen que je dois subir au jugement, le désir d'expier mes iniquités par mes larmes, me firent prendre la résolution de sortir du milieu de Babylone où j'étais encore arrêté par le désir de plaire aux hommes. Alors, ayant quitté les bénéfices et les emplois ecclésiastiques dont j'étais accablé dès mon enfance, etc. »

Après avoir exposé l'objet de sa supplique, l'abbé de Rancé ajoutait :

« Si Votre Sainteté croit qu'il manque quelque chose à notre manière de vivre, si Elle pense qu'il soit nécessaire ou utile d'y ajouter, pour nous rendre plus conformes à nos saints prédécesseurs, Elle peut l'ordonner ; Elle trouvera en nous une parfaite soumission à ses ordres. Dieu sait combien nous souhaitons qu'il n'y ait que la mort qui puisse mettre des bornes à notre pénitence ».

L'abbé de Rancé, devant le Pape, ne pouvait oublier la sainte et la chère Jérusalem de son cœur, c'est-à-dire la Réforme de l'ordre de Citeaux (1). Il devait se faire l'écho de ses plaintes et de sa désolation : aussi disait-il sur un ton et avec un style qui rappellent saint Bernard :

« Je rougis de la longueur de ma lettre. Je sais, très Saint-Père, qu'étant aussi petit que je le suis, il ne me convient nullement de tenir de si longs discours à une Majesté si auguste ; cependant, ayant commencé, je continuerai de parler à mon Seigneur, quoique je ne sois que poussière et que cendre ; car je ne croirais pas m'être complétement acquitté de mon devoir si, me prosternant aux pieds de Votre Sainteté, je ne faisais dire à mes larmes : que c'en est fait de l'Ordre de Citeaux ; que la Réforme établie par Alexandre VII (2) ne subsiste plus ; que l'Etroite-Observance, après avoir été attaquée pendant plus de soixante ans, est sur le point de succomber, si Votre Sainteté ne la soutient de sa

(1) Depuis 1664, Rancé avait sollicité cette réforme. Cf. Dubois, t. I, p. 255 et suiv.

(2) Le bref d'Alexandre VII avait pour but d'établir la paix entre les monastères de Citeaux qui étaient de la Commune ou de l'Etroite Observance. Les monastère de l'Etroite Observance avaient résolu de pratiquer *étroitement* la règle de saint Benoît, la Charte de Charité, les *Us* de Citeaux et les anciens décrets capitulaires de cet ordre. Les autres monastères avaient peu à peu mitigé les règles primitives.

main puissante ; c'est ce que souhaitent et espèrent avec nous, très Saint-Père, tous ceux qui aiment encore la beauté de la maison du Seigneur, et qui gémissent de voir les pierres du sanctuaire dispersées. »

Cette affaire paraissait si importante à l'abbé de Rancé, qu'afin que le succès en fût plus assuré, il écrivit à Mgr Favoriti, prélat en cour de Rome, dont il connaissait le zèle pour la régularité monastique : « Je vous prie, Monseigneur, lui disait-il, de favoriser mon dessein et de m'appuyer de votre crédit auprès de Sa Sainteté ; et Jésus-Christ qui s'est engagé à reconnaître un verre d'eau donné en son nom, ne manquera pas de récompenser éternellement le service signalé que vous aurez rendu à ses serviteurs... Si vous vouliez prendre la peine d'offrir notre lettre au Saint-Père, nous vous aurions des obligations infinies ; car nous sommes persuadé qu'il la recevra avec plus de plaisir de votre part que de la nôtre. Nous en avons tiré une copie, qui vous fera voir que nous n'avons rien mis qui puisse déplaire (1). »

Le Pape, instruit de la pureté des intentions de l'abbé de Rancé, lui accorda, avec beaucoup de bonté, les grâces qu'il sollicitait pour son monastère. Il voulut même que le Cardinal Cybo lui écrivît pour l'assurer de sa protection. Mgr Favoriti lui manda aussi combien Sa Sainteté avait à cœur la conservation de sa maison. Nous citerons ici ces deux pièces parce qu'elles nous ont paru du plus grand poids pour montrer l'estime dont l'abbé de Rancé jouissait à Rome, contrairement à ce que ses ennemis publiaient partout (2) :

(1) Cette lettre est datée du 23 janvier 1678, dans le *Manuscrit de Septfons*, cah. IX, p. 193 et 194.
(2) Voir la note du cah. IX du *Manuscrit de Septfons*.

« On a fait à Sa Sainteté, dit le Cardinal Cybo, la lecture de votre lettre, datée du 20 janvier ; elle est un témoignage certain de votre attachement au Saint-Siège. On y remarque le zèle que vous avez d'assurer pour la postérité la discipline que vous avez rétablie dans votre monastère, selon les saintes règles de l'Ancienne-Observance, avec l'approbation des gens de bien, pour être un exemple insigne à tout l'Ordre de Citeaux. Ainsi, Sa Sainteté, connaissant votre désir par votre lettre, vous accorde les explications que vous souhaitez et les secours plus assurés pour conserver et développer la discipline que vous avez établie. Elle a ajouté aussi, comme vous le verrez dans le bref, qu'elle espérait de la bonté du Seigneur, qui vous avait choisi, avant tous les siècles, pour être l'auteur d'un si grand ouvrage, que ces sublimes exercices de vertu et d'abstinence tourneraient à l'édification et au bien spirituel, non seulement de votre Ordre, mais de toute la France, et qu'ils feraient honneur à notre siècle (1). Voilà ce que j'avais à vous dire, pour répondre aux intentions de Sa Sainteté. Je vous annonce, de plus, la bénédiction apostolique qu'Elle vous donne, comme un témoignage de l'amour paternel qu'elle a pour vous et pour votre monastère. Je vous offre de tout mon cœur mes soins et mon travail, s'ils peuvent vous être utiles. J'espère que le Seigneur vous accordera toute prospérité et consolation, avec une continuelle augmentation de sa grâce (2). »

La lettre de Mgr Favoriti n'était pas moins explicite ; il ajoutait en finissant :

« Je puis vous dire, en toute vérité, que Sa Sainteté

(1) « Zelo stabiliendae in posteros disciplinae quam in monasterio tuo ad priscae sanctimoniae normam et ad insigne cisterciensis Ordinis documentum magna cum bonorum omnium approbatione restaurasti... Istam enim eximiae virtutis et abstinentiae palestram non mediocri Ordinis tui, imo totius Galliae bono ac saeculi nostri ornamento cessuram, Sanctitas Sua in Domino confidit, qui te, ante mundi constitutionem, tam pii ac praeclari operis authorem, etc. »

(2) Le Nain, *Vie de M. de Rancé*, t. II, p. 717 et 718. — Cette lettre est datée du 15 mai 1678.

approuve si fort la manière apostolique avec laquelle vous vivez à la Trappe, et que vous avez établie, qu'Elle embrassera toutes les occasions qui se présenteront de seconder votre travail et d'en faire passer le fruit à la postérité. Je crois que l'abstinence et le mépris de tous les biens de ce monde dont vous faites profession dans ce monastère, seront loués de plusieurs personnes, mais je doute fort qu'il s'en trouve beaucoup qui vous imitent. Cette raison, néanmoins, ne doit pas diminuer le zèle de ceux qui peuvent, par leurs soins et leur crédit, donner quelque accroissement à une œuvre si sainte. Pour moi, je puis vous assurer que je souhaite y pouvoir contribuer en quelque chose. Souvenez-vous souvent de moi dans votre retraite, dans vos saints sacrifices et dans vos prières (1) ».

On se rappelle que l'abbé de Rancé avait protesté contre la réception du bref d'Alexandre VII (2). Les supérieurs des Ordres mitigés l'avaient menacé des censures, presque toutes les fois qu'il avait reçu leurs pauvres religieux qui venaient se jeter dans ses bras ; on lui avait même fait signifier deux brefs qu'il avait soumis à la Sorbonne, et qui avaient été déclarés subreptices. Nous ignorons s'il avait encouru quelques peines ecclésiastiques ; il l'ignorait certainement lui-même. En tous cas, s'il avait pu avoir à ce sujet des inquiétudes de conscience, elles auraient été entièrement levées par l'absolution générale qu'on lui accordait (3).

L'abbé de Rancé ayant reçu ces lettres et ces brefs, en donna lecture à sa communauté. Pour recevoir la bénédiction que le Saint-Père leur envoyait, il fit signe

(1) *Manuscrit de Septfons*, cah. IX, p. 42. — La lettre est datée du 24 mai 1678.

(2) C'était dans le chapitre général de Citeaux, en 1667, que Rancé avait protesté contre le bref d'Alexandre VII. Cf. Dubois, t. I, p. 337.

(3) Elle est parfaitement exprimée dans le bref.

à tous ses religieux de se prosterner ; il se prosterna lui-même au milieu d'eux, comme si Dieu eût alors étendu sa main du haut des cieux pour les bénir : tant était vive leur foi, tant était grand leur respect pour tout ce qui émanait du Chef de l'Eglise ! »

C'est après avoir reçu ce bref et cette bénédiction que Rancé adressait au Cardinal Cybo la lettre suivante :

Eminentissime Domine,

Respexit in orationem humilium Sanctissimus Pontifex dum annuit servorum suorum postulatis et novo diplomate hujusce Congregationis securitati consuluit, sed replevit in bonis desiderium nostrum ac vota cumulavit, dum per sacrum Eminentiae tuae ministerium nos Fratresque nostros Apostolica benedictione consolatus est. Hanc quanta fide, religione, reverentia ac laetitia suscepimus, significare non valemus. Deus novit qui spem certam nobis indidit se benedicturum in Cœlo quibus in Terra Christus Domini benedixit. Quod spectat ad rationem vitae quam profitemur, quamque tanta cum pietate atque charitate Eminentia tua probat, fateor, Eminentissime Domine, morum legumque paternarum aemuli, traditam a Patribus disciplinam, neglectam a posteris, totis studiis instaurare proposuimus, et licet illos, revocatis prioribus institutis, aliquatenus imitari datum sit, vix tamen per conatus nostros, peccatis obstantibus, conversionis initium huc usque sumus assecuti. Verum dum Sanctitas Sua humilitatem nostram aspectu benigno dignata est, voluntates auxit, addidit vires, integramque juventutem renovavit, quatenus, omni tepore excusso, opus Dei zelo ferventiori in posterum exequamur. Quantum autem hocce in negotio Eminentiae tuae debeamus, latere non potest, quibus notum est bonum omne quod in orbe catholico pertractetur, ipsius diligentia, autoritate et consiliorum sanctitate sustentari. Quamobrem, Eminentissime Domine, gratias tibi immortales habemus Deumque in remunerationem corde pleno assiduisque orationibus deprecabimur ut Eminentiae Tuae, bonorum praesidio, splendori Sanctae Sedis et communi Ecclesiae felicitati diuturnam incolumitatem largiatur ipsamque, expletis cursus gloriosi temporibus, immortalitate sanctorum coronet. Hoc tibi ante omnia exoptat

Eminentiae tuae

Humillimus et obsequentissimus servus

F. Armandus Joannes,

Abbas de Trappa.

In monasterio B[tae] Mariae
de Trappa, 24 Julii 1678 (1).

Le Cardinal de Retz.

Nous avons rencontré dans l'*Archivio* du Cardinal Cybo les deux lettres suivantes du Cardinal de Retz, écrites, sans doute, au retour de son voyage de 1676, à Rome, où il était allé pour prendre part au conclave où fut élu Innocent XI et où il avait obtenu lui-même six voix (2). La première de ces lettres est écrite de Grenoble où sans doute le Cardinal s'était arrêté au milieu de la famille des Lesdiguières. Sa nièce, Françoise de Gondy, avait épousé le fils du duc de Lesdiguières, gouverneur du Dauphiné (3). C'est chez elle que devait

(1) *Archivio*, mscr. 30. — *Au dos* : Sigil. F. Armand. Joannis. Abb. de Trappa. Ce cachet représente une main tenant une crosse.

(2) Sur Retz diplomate, cf. Chantelauze, *Le Cardinal de Retz et l'affaire du chapeau*, Paris, Didier, 2 vol. in-8 ; *Le Cardinal de Retz et ses missions diplomatiques à Rome*, Paris, Didier, 1879 ; le baron de Bildt, *Christine de Suède et le Conclave de Clément X (1669-1670)*, Paris, Plon, 1906, p. 29 et *passim*.

(3) Mme de Sévigné fait de la duchesse de Lesdiguières, qui portait alors le nom de comtesse de Sault et qui était précisément sur le point de partir pour le Dauphiné, un assez joli portrait dans une lettre du 18 juin 1676 : « Elle est si aise de n'être plus à Machecoul à mourir d'ennui avec sa mère, et elle se trouve si bien d'être la duchesse de Sault qu'elle a peine à contenir sa joie. Elle est fort aise d'être contente, et cela répand une joie un peu excessive sur toutes ses actions, et qui n'est plus à la mode à la cour, où chacun a ses tribulations, et où l'on ne rit plus depuis plusieurs années. »

mourir en 1679, à Paris, le Cardinal. La duchesse de Lesdiguières eut encore plus tard le spectacle d'une mort archiépiscopale. Elle était près de M. de Harlay, archevêque de Paris, quand il mourut subitement, le 6 août 1695, à sa maison de Conflans (1). La seconde lettre est datée de Commercy dont le Cardinal était « damoiseau ».

I

Monseigneur

J'eu l'honneur de parler à Vostre Eminence à Rome de l'affaire qui regarde le sieur de Beauregard, prisonnier ès prisons neufues, qui m'auoit esté extrèmement recommandé par M. le duc de Lesdiguières (2). Je supplie tres humblement V. E. de me permettre de vous demander encorre l'honneur de vostre protection pour ce gentilhomme et d'estre per-

(1) Cf. Sainte-Beuve, *Nouveaux lundis*, Paris, Calmann Lévy, 1884, t. V, p. 194 : « Mme de Coulanges, cette aimable et légère amie de Mme de Sévigné, écrivait gaiement à celle-ci, alors en Provence, le 12 août 1695 : « La mort de M. de Paris, ma très « belle, vous aura infailliblement surprise. Il n'y en eut jamais « de si prompte. Mme de Lesdiguières a été présente à ce spec- « tacle ; on assure qu'elle est médiocrement affligée... »

(2) Il s'agit de François de Bonne de Créquy, duc de Lesdiguières, pair de France, gouverneur et lieutenant général du Dauphiné, mort le 1er janvier 1677. On trouve à la Bibliothèque Nationale, Ln27, 12439, l'*Oraison funèbre de François de Bonne de Créqui, duc de Lesdiguières, prononcée à Grenoble dans l'église cathédrale de Notre-Dame, le 21 janvier 1677, par messire* LAURENT DE BRESSAC, Grenoble, Petit, 1677, in-12. François-Emmanuel de Blanchefort de Bonne de Créquy avait épousé, le 12 mars 1675, Paule-Marguerite-Françoise de Gondi de Retz, fille puînée et héritière de « Pierre de Gondi, Duc de Retz, pair de France, Chevalier des ordres du Roy, Général des Galères, et de Catherine de Gondi, Duchesse de Retz ». Par ce mariage, François-Emmanuel de Bonne de Créquy était le neveu du Cardinal. Cette duchesse de Lesdiguières était née à Machecoul le 12 mars 1655. Elle mourut à Paris, en son hôtel, rue de la Cerisaie, le 22 janvier 1716 et fut inhumée le 23 à Notre-Dame.

suadé, Monseigneur, que personne du monde ne peut estre auec plus de respect et plus de vénération et plus d'atachement que moy,

Monseigneur,

de V. Em.

le tres humble et tres obeissant seruiteur

Le Cardinal de Rais

A Grenoble, ce 2 x^bre 1676 (1).

II

A Commercy, le 6 mars 1677.

Monseigneur,

Je n'ay peu plus tost respondre aux lettres que V. E. m'a fait l'honneur de m'escrire parce que depuis trois semaines j'ay esté incommodé de sept ou huit accès de fiebure tierce qui ne m'ont pas permis de satisfaire à mon deuoir. Je commence, Monseigneur, par rendre un million de grâces à V. E. de celle qu'elle a eu la bonté de procurer à M. l'Euesque de Boulogne, mon grand-vicaire (2), pour le gratis de ses Bulles ; rien ne me pouuoit estre plus sensible. Je la remercie aussy tres humblement de la peyne qu'elle s'est

(1) *Archivio*, inscr. 16.

(2) Nicolas Ladvocat, surnommé Billiad (1620-1681), docteur de Sorbonne et chanoine de Notre-Dame, fut pendant plusieurs années grand-vicaire du cardinal de Retz. Quand, en 1654, un *Te Deum* fut chanté à Notre-Dame à l'occasion de l'évasion du cardinal de Retz du château de Nantes, Nicolas Ladvocat reçut une lettre de cachet et dut quitter Paris. Godefroi Hermant assure que M. Ladvocat n'était pas janséniste : « Il était, dit-il, ennemi déclaré des disciples de saint Augustin, et, s'il n'eût tenu qu'à lui, il y aurait déjà eu longtemps qu'on les aurait exterminés. » Il accompagna le cardinal de Retz à Rome en 1675. Il devint évêque de Boulogne en 1676 où il réunit des synodes et institua des conférences. Gams (*Series episcoporum*, Ratisbonae, Manz, 1873, p. 522) assigne à sa mort la date du 11 avril 1681. — Cf. Godefroi Hermant, *Mémoires*, t. II, p. 573 et *passim* ; t. III, p. 56 et *passim*.

bien voulu donner de prendre connoissance de l'affaire du s[r] de Beauregard, prisonnier à Rome. J'ay receu auec tout le respect que je dois le bref de Sa Sainteté, auec la lettre dont il a pleu à V. E. de l'accompagner. La confiance plenière que j'ay en elle, me donne la hardiesse de luy remettre en mémoire la très instante priere que je luy fis en faueur de l'abbé Parenti, mon M[re] de chambre, et pour le s[r] de la Chausse qui me sert depuis si longtemps, touchant la diuision de son office, la suppliant tres humblement d'estre persuadée que de tous les hommes qui font profession de l'honorer, je suis celuy qui le fait plus sincèrement. Je suis auec une reconnoissance et un respect qui ne finiront jamais,

Monseigneur,

Je conjure V[re] E[ce] de croire que personne du monde ne la peut honorer plus profondément que moi

Le tres humble et très obeissant seruiteur

Le Cardinal DE RAIS (1).

GUY DE SÈVE DE ROCHECHOUART.

Guy de Sève de Rochechouart, fils d'Alexandre de Sève (2), Maître des requêtes, et de Marie-Marguerite de Rochechouart, naquit à Paris le 15 juin 1640, et fut baptisé le 21 dans l'Eglise Saint-Sulpice. Abbé commendataire de Saint-Michel en Thiérache, au diocèse de Laon, en 1663, docteur de Sorbonne en 1666, il fut nommé et sacré évêque d'Arras en 1670. Il se fit remarquer surtout par son zèle contre la morale relâchée qu'il combattit ouvertement dans plusieurs *censures* et

(1) *Archivio*, mscr. 29. A partir de « Je conjure... » toute la fin de cette lettre est autographe et a été disposée ainsi par Retz.

(2) Cf. sur Alexandre de Sève, *Lettres de M. Olier*, Paris, Lecoffre, 1885, t. I, p. 535, et t. II, p. 225; *Correspondance de M. Louis Tronson*, publiée par L. Bertrand, Paris, Lecoffre, 1904, t. I, p. 49; E. Griselle, *Fénelon*, Paris, Hachette, 1911, p. 55.

plusieurs lettres pastorales (1) qui furent par la suite réunies en volume (2).

(1) Voici quelques-uns des sujets traités dans les mandements du très rigide prélat : *Mandement... pour deffendre le cabaret aux Ecclésiastiques* (1696) ; — *Mandement... au sujet des tragédies qui se représentent dans les collèges de son diocèse* (1698) ; — *Mandement... contre la fausse maxime que le liquide ne rompt point le jeune* (1718) (*Catalogue de la Bibliothèque de la Ville d'Amiens*, Amiens, Yvert, 1870, *Theologie*, seconde partie, n° 7331, t. XXX, p. 595-596). Maurice Le Tellier, archevêque de Reims, envoyait à l'abbé Bossuet, le 20 octobre 1698, ce mandement sur les représentations théâtrales, avec ces mots : « M. l'Evêque d'Arras a fait depuis peu un mandement excellent à l'occasion d'une tragédie qu'il me mande que les jésuites ont fait représenter dans leur collège d'Arras au commencement du mois passé. Je suis assuré que vous trouverez cette pièce parfaite en son genre... »

« Le prélat ne vise aucune maison en particulier, mais promulgue un règlement pour tous les collèges de son diocèse ; toutes les pièces devront être en latin, conçues de façon à être une instruction pour les élèves, et non un divertissement pour le public, etc. » (Bossuet, *Correspondance*, nouv. éd. par Ch. Urbain et E. Levesque, t. X, p. 431-432). — Cf. Ernest Boysse, *Le théâtre des jésuites*, Paris, Vaton, 1880, p. 106-107.

(2) Nous avons rencontré de ce recueil les éditions suivantes :

— *Lettres pastorales de M. Guy de Sève de Rochechouart, Evêque d'Arrds, touchant l'administration du sacrement de pénitence avec la Censure de quelques propositions de morale publiées dans son diocèse*, troisième édition, augmentée du sentiment d'un grand nombre de prélats sur le même sujet, Arras, Pierre Jollet, 1676, in-12.

— *Lettres pastorales de M. Guy de Sève de Rochechouart, Evêque d'Arras, accompagnées des recueils de ses maximes, d'une censure contre plusieurs propositions, des sentimens de trente Evêques, de plusieurs mandemens et de quelques autres pièces touchant l'administration du sacrement de pénitence*, Delft, Henry Van Rhyn, 1697, in-8.

— *Lettres pastorales de Mgr l'Evêque d'Arras contenant ses instructions, ses maximes et ses reglemens touchant l'administration et l'usage des Sacremens de la Pénitence et de l'Eucharistie*, Orléans, Borde, 1703, in-12.

— *Recueil des ordonnances, mandemens et censures de Mgr l'Evêque d'Arras où l'on trouve d'excellentes règles pour la conduite*

Au début de son épiscopat, il consultait souvent le célèbre M. Tronson, le troisième supérieur de la Compagnie de Saint-Sulpice, qui était son cousin. Lorsque la mort de M. Tronson le priva de cette direction, il se laissa aller du côté du jansénisme et d'un rigorisme intransigeant. En 1714 il refusa même de publier la bulle *Unigenitus* et, quand il la publia en 1719, ce fut avec des restrictions qui en détruisaient l'autorité.

Il eut d'assez nombreux rapports avec Fénelon à partir du moment où celui-ci, devenu archevêque de Cambrai, devint en même temps son métropolitain. Ces rapports paraissent avoir toujours été d'une extrême courtoisie (1). Guy de Sève, dans l'assemblée métropolitaine de la province de Cambrai, convoquée pour l'acceptation du bref du Pape relatif à la condamnation des *Maximes des Saints*, réclama quelque peu contre les procédés d'Alphonse de Valbelle, évêque de Saint-Omer, à l'égard de Fénelon (2). C'est à Guy de Sève que Fénelon, en 1707, adressait, « avec toute la vénération et toute la déférence que méritait » l'évêque d'Arras, sa *Lettre sur la lecture de l'Ecriture Sainte* (3). Fénelon essaya, mais sans y réussir, de détourner son suffragant des influences jansénistes.

Guy de Sève se démit de son évêché en 1721 en faveur de son neveu Gui de Sève d'Izy (4) qui ne put

des âmes, des remèdes eprouvez pour déraciner les abus, des instructions solides pour l'usage des Sacremens, Arras, Duchamp, 1710, in-12.

(1) *Œuvres complètes de Fénelon*, t. VII et VIII, *passim*.

(2) Cardinal de Bausset, *Histoire de Fénelon*, liv. III, chap. LXXXII.

(3) *Œuvres complètes de Fénelon*, t. II, p. 190.

(4) Sur Guy de Sève d'Izy, cf. *Correspondance de M. Louis Tronson*, t. III, p. 139.

obtenir de bulles à cause de son attachement, au jansénisme et mourut le 27 décembre 1724 (1).

La lettre suivante que Guy de Sève adressait le 1er avril 1677 au Cardinal Cybo, est un remerciement pour quelque approbation qu'il avait sans doute sollicitée de Rome et qu'on lui avait donnée, pour une censure, pour un mandement dirigé contre la morale relâchée, — peut-être la *Seconde lettre pastorale de Mgr l'Ill. et Rév. Evêque d'Arras aux Pasteurs. Vicaires et Confesseurs de son diocèse contenant plusieurs maximes très importantes touchant le Sacrement de Pénitence* (2).

✝

Monseigneur,

J'ay receu auec un tres profond respect et une parfaitte reconnoissance la lettre que V. E[ce] m'a fait l'honneur de m'ecrire le 3e de feu[r]. Elle m'est une preuue certaine, non seulement de sa bonté pour moy, mais aussi de son zèle et de sa piété et j'oze luy dire qu'elle n'en peut pas donner une plus solide et plus éclatante que l'auersion qu'elle témoigne contre la doctrine relâchée d'une morale très corrompue qu'elle soutient si dignement par la pureté de sa vie et la droiture de sa conduitte. J'auois besoing, Monseigneur, d'un aussi illustre témoignage que celuy de V. E. pour fermer la bouche de ceux qui, par une espèce de blasphème contre le St Siege, auoient bien ozé répandre que le zele que j'auois marqué contre l'erreur, ne luy auoit pas esté aggréable, et qu'il auoit condamné le sentiment que 30 Eueques sçauants et s[ts] auoient formé auec moy de la doctrine pernicieuse que l'on auoit renouuellée dans mon diocese, et que j'auois condamnée dans ma censure, comme si celuy à qui Dieu a confié le depost de la morale de l'Euangile, eût été capa-

(1) Voy. encore sur Guy de Sève de Rochechouart, la *Correspondance de M. Louis Tronson*, t. I, II et III, *passim*; Delplanque, *Fénelon et ses amis*, Paris, Gabalda, 1910, p. 271.

(2) Arras, Jollet, 1676, in-12.

ble de la meconnoître. Le nouueau protecteur qu'elle trouue, Monseigneur, en votre personne, luy donnera encore un nouuel et un plus grand éclat, et l'assurance que V. E. me fait l'honneur de me donner que Sa Sainteté approuuera que s'unissant on le conjure comme le Chef de l'Eglise et de l'Episcopat de vouloir concourir auec nous à la destruction de ce nouuel Euangile que la cupidité forme dans l'Eglise et qui la trouble, me paroist un presage si certain d'une tranquillité future que ie la gouste deja par auance, et que je ne puis cesser de louer Dieu de la grâce qu'il a bien voulu faire à son Eglise de lui procurer un Pape si saint et d'auoir donné à ce s[t] Pape un ministre si éclairé et d'une vertu si éminente. Je me tiendray, Monseigneur, très heureux de contribuer à un si grand bien que celui dont V. E. m'exhorte d'etre le promoteur, et plust à Dieu pouuoir mériter, non seulement par mes soins, mais même par mon sang un aussi grand bien pour l'Eglise et dont Dieu tirera tant de gloire. Le mal est trop grand, Monseigneur, pour le dissimuler. Il est certain que si Sa Sainteté n'arreste le cours des opinions relâchées, que, si elle ne détruit la prétendue authorité de ces malheureux écriuains de nos derniers temps dont toute la science est de se copier les uns les autres, et qui ozent non seulement s'egaler aux s[ts] Pères en ce qui regarde la morale, mais se mettre meme au dessus d'eux, enfin si elle ne donne des bornes à la licence de la probabilité, de la direction d'intention, du faux honneur, des equiuoques, dont les principes et les conséquences établissent la seureté du salut dans quelque vie et quelque religion que ce puisse être, c'est fait de l'Euangile et de la morale de Jesus Christ. Dieu m'est témoin, Monseigneur, et la vérité seule l'arrache de ma bouche, que j'ay ouy soutenir deuant moy dans mon diocese par des religieux de deux ordres considérables, que l'on pouuoit repousser la calomnie par la calomnie et que l'Eglise ne demandoit pour l'accomplissement de ses preceptes rien d'interieur, et ils ne disoient, en établissant ainsi la vengeance et l'hypocrisie, que ce qui a été écrit par plusieurs auteurs qui est que le secret du confessionnal ne souffrira pas que l'on réponde, si l'on prêche sur les toits ces sortes de dogmes. Votre Eminence ne sçauroit rien faire de plus grand, de plus saint ni de plus utile à l'Eglise que de luy donner la paix et donner lieu à la vérité de pouuoir paroitre sans contradiction et sans crainte, en emploiant, comme elle me le fait espérer, l'autorité que luy donne la juste confiance du St Pere en Elle pour la condamnation de toutes les doctrines relâchées et l'établissement des véritables principes de la morale. Car enfin, Monseigneur, si nos censures peuuent bien arrester quelquefois une partie du mal, il n'y a qu'une autorité souueraine comme celle du St Siège qui puisse le guérir tout à faict, et conuaincre absolument les esprits rebelles. C'est ce que j'espère que nous aurons le bonheur de voir soubs un si saint Pontificat. C'est ce que l'Eglise de France doit espérer du secours et de la piété de V. Eminence et je la supplie d'estre persuadée que parmy ceux qui la composent, personne ne sçauroit égaler la vénération que j'ay pour elle et qu'on ne peut pas etre auec plus de respect et de reconnoissance que je le suis,

Monseigneur,

De Votre Eminence

Le tres humble et tres obéissant seruiteur.

† Guy, E. d'Arras.

A Paris, ce 1er Auril 1677 (1).

Le Président Toussaint Rose.

Saint-Simon parle ainsi du président Toussaint Rose : « Rose, ...secrétaire du cabinet du roi et qui, depuis cinquante années, avoit la plume, mourut en ce temps-ci à quatre-vingt-six ou sept ans, avec toute sa tête et dans une santé parfaite jusqu'au bout. Il étoit aussi président à la chambre des comptes, fort riche et fort avare, mais c'étoit un homme de beaucoup d'esprit, et qui avoit des saillies et des réparties incomparables, beaucoup de lettres, une mémoire nette et admirable, et un parfait répertoire de cour et d'affaires, gai, libre,

(1) *Archivio*, mscr. 29.

hardi, volontiers audacieux, mais à qui ne lui marchoit point sur le pied, poli, respectueux, tout à fait en sa place, et sentant extrêmement la vieille cour. Il avoit été au cardinal Mazarin et fort dans sa privance et sa confiance, ce qui l'y avoit mis avec la reine mère et qu'il se sut toujours conserver avec elle et avec le roi jusqu'à sa mort, en sorte qu'il étoit compté et ménagé même par tous les ministres. Sa plume l'avoit entretenu dans une sorte de commerce avec le roi, et quelquefois d'affaires qui demeuroient ignorées des ministres. Avoir la plume, c'est être faussaire public, et faire par charge ce qui coûteroit la vie à tout autre. Cet exercice consiste à imiter si exactement l'écriture du roi qu'elle ne se puisse distinguer de celle que la plume contrefait, et d'écrire en cette sorte toutes les lettres que le roi doit ou veut écrire de sa main, et toutefois n'en veut pas prendre la peine. Il y en a quantité aux souverains et à d'autres étrangers de haut parage ; il y en a aux sujets, comme généraux d'armée ou autres gens principaux, par secret d'affaires ou par marque de bonté ou de distinction. Il n'est pas possible de faire parler un grand roi avec plus de dignité que faisoit Rose, ni plus convenablement à chacun, ni sur chaque matière, que les lettres qu'il écrivoit ainsi, et que le roi signoit toutes de sa main ; et pour le caractère il étoit si semblable à celui du roi qu'il ne s'y trouvoit pas la moindre différence. Une infinité de choses importantes avoit passé par les mains de Rose, et il y en passoit encore quelquefois. Il étoit extrêmement fidèle et secret, et le roi s'y fioit entièrement... (1) »

(1) *Mémoires de Saint-Simon*, édition Chéruel, Paris, Hachette, 1914. t. II, p. 149-150. — On pourra lire ce que dit encore Saint-Simon sur ce personnage intéressant, p. 150-152. — Cf. aussi Pellisson et d'Olivet, *Histoire de l'Académie française*, Paris,

La lettre suivante confirme le jugement de Saint-Simon sur le talent épistolaire de Toussaint Rose. Elle se termine par un parallèle assez heureux entre les services rendus à la cause de l'Église par Louis XIII et par Louis XIV et quelques mots touchants sur la cathédrale de Strasbourg qui font penser au célèbre mouvement du P. Monsabré sur la cathédrale de Metz où, disait-il, lorsqu'elle sera redevenue française, « nous chanterons un *Te Deum* tel que ces voûtes n'en ont jamais entendu ».

†

Monseigneur,

Vostre Em^ce daigne me donner tant de marques et si peu communes de l'honneur de sa protection que je n'ose presque plus les dire de peur d'estre soupçonné de vaine gloire. Mais ne les pouuant taire sans ingrattitude et particulierement la dernière touchant la commende de Grosbos (1), j'ay cru deuoir rendre compte au Roy de la bonté de N^tre St Père, de vos genereux offices et du succez qu'ont eu les instances de Monsieur l'Ambassadeur sans interuention d'au-

Didier, 1858, t. II, p. 11, 388, 466 et *passim*; Sainte-Beuve, *Port-Royal*, Paris, Hachette, 1901, in-12, t. III, p. 303; *Œuvres de Racine*, édition Paul Mesnard, dans *Les Grands écrivains de la France*, t. VII, p. 354 et *passim*, et t. VII, p. 19 et 46; Marquis de Saint-Maurice, *Lettres sur la Cour de Louis XIV*, publiées par Jean Lemoine, Paris, Calmann-Lévy, *s. d.*, t. I, p. 153 et t. II, p. 321 et *passim*; Primi Visconti, *Mémoires sur la Cour de Louis XIV*, publiées par Jean Lemoine, Paris, Calmann-Lévy, *s. d.*, p. 37 et *passim*; Sainte-Beuve, *Causeries du lundi*, Paris, Garnier frères, t. XII, p. 219; Emile Magne, *Madame de la Suze*, Paris, Société du Mercure de France, 1908, p. 226; D'Alembert, *Eloge du Président Toussaint Rose*, dans ses *Eloges lus dans les séances de l'Académie française*, Paris, Panckoucke et Moutard, 1779, 6 vol. in-12.

(1) Grosbos, *Grossum Boscum*, était une abbaye régulière de Citeaux, à 4 lieues S. E. d'Angoulême. On trouve aussi les formes *Grosbois* et *Grosboc*.

cun autre auprès de Sa Sainteté et Sa Ma[té] a non seulement aprouué ma reconnoissance, mais elle m'a permis de repondre à la lettre que V. Em[ce] m'a fait la grace de m'ecrire, tout ce qui me seroit dicté par cette mesme gratitude. Le champ est si vaste que je me perdrois parmi les remerciemens et les protestations. Je me renferme dans les vœux pour la parfaite union du chef de l'Eglise et du fils aisné sur laquelle roule uniquement le salut de la religion et la gloire d'un saint pape dont V. E[ce] est le premier ministre. J'espère dans peu de jours en faire mes prières à Dieu dans la cathédrale de Strasbourg prophanée depuis plus d'un siècle par la secte de Luther et purifiée par la valeureuse piété de Louis 14e auec plus de bruit et d'éclat pour le pontificat d'Innocent XIe que la Rochelle ne fût pour celui d'Urbain 8e qui croyoit les trésors de l'Eglise au dessous des récompenses méritées par Louis 13e. Je les feray de tout mon cœur et feray de mesme toute ma vie auec le profond respect que je dois,

Monseigneur,

De Votre Em[ce]

tres humble et tres obeissant seruiteur

Rose.

A Brisac, le 16 d'octobre 1681 (1).

Gui Tachard.

Le missionnaire français Gui Tachard naquit vers 1650 et mourut au Bengale en 1712. A seize ans il entra dans la Compagnie de Jésus où il appartint à la province de Guyenne. Après avoir fait des études sérieuses et s'être spécialement adonné aux mathématiques, il demanda à suivre la carrière des missions.

En 1676, il accompagna le vice-amiral d'Estrées dans ses expéditions contre quelques-unes des îles de l'Amérique méridionale.

(1) *Archivio*, mscr. 19.

Il se préparait à partir pour la Chine, lorsque la Cour de France fut avisée que le roi de Siam n'était pas éloigné d'embrasser le christianisme, ainsi que tous ses sujets.

« Un aventurier de l'île de Céphalonie, nommé Constance Phaulkon (1), gouvernait les états du roi de Siam... Dans une cour si féconde en révolutions de palais, Constance chercha à donner à son autorité un appui extérieur. Catholique fervent, il engagea le monarque siamois à faire alliance avec le grand roi d'Occident, et deux ambassadeurs chargés de présents se dirigèrent vers la France, afin de proposer, au nom de leur maître, un traité de commerce et une espérance de christianisme. Cette ambassade extraordinaire, partie du fond de l'Orient pour saluer Louis XIV, périt dans la traversée ; mais l'idée flattait ses goûts d'ostentation, elle entrait dans ses vues de propagation catholique et française. Il saisit avidement les ouvertures de Constance, et il se décida à répondre aux avances qui lui étaient faites (2). »

Le roi envoya à Siam le chevalier de Chaumont, en le faisant accompagner de six jésuites qui devaient recueillir sur ce pays toutes les observations utiles au commerce, à la politique, à la religion.

Outre le P. Tachard, ces jésuites étaient les PP. de Fontaney, Visdelou, Bouvet, Lecomte et Gerbillon.

« Le 28 janvier 1685, le Roi par un décret contre-

(1) *Histoire de M. Constance, premier ministre du Roi de Siam, et de la dernière révolution de cet Estat*, par le P. d'Orléans, Paris, Hortemels, 1670, in-12. — Cf. aussi Etienne Gallois, *Passim*, Paris, Didier, 1878, fasc. IV, *Le royaume de Siam au Champ de Mars en 1878 et à la Cour de Versailles en 1686*, p. 28 et 51.

(2) J. Crétineau-Joly, *Histoire religieuse, politique et littéraire de la Compagnie de Jésus*, Paris, Paul Mellier, 1845, t. V, p. 33.

signé Colbert, accordait à ces six Jésuites le titre de ses mathématiciens à la Chine et aux Indes. L'ordonnance nominative pour chacun de ces missionnaires contenait la déclaration suivante : « Etant bien aise de « contribuer de notre part à tout ce qui peut de plus « en plus établir la sûreté de la navigation et perfec« tionner les sciences et les arts, nous avons cru que « pour y parvenir plus sûrement il étoit nécessaire d'en« voyer dans les Indes et à la Chine quelques personnes, « savantes et capables de faire des observations, d'Eu« rope ; et jugeant que, pour cet effet, nous ne pou« vions faire un meilleur choix que du Père..., Jésuite, « par la connoissance particulière que nous avons de « son extraordinaire capacité. A ces causes et autres à « ce nous mouvans, de notre grâce spéciale, pleine « puissance et autorité royale, avons ledit Père... « ordonné et établi, et par ces présentes signées de « notre main, ordonnons et établissons notre mathé« maticien. »

« L'Académie des sciences désira, elle aussi, faire honneur à ces missionnaires. Elle les admit dans son sein ; elle les pria de songer au perfectionnement des arts, de recueillir les observations astronomiques, de déterminer les longitudes, d'approfondir et de lever plusieurs difficultés, alors insolubles, sur la géométrie, la physique, l'anatomie et les plantes. Chaque savant fit d'un de ces six jésuites, le délégué de ses études particulières. Les uns leur donnèrent à examiner dans les Indes les éclipses de soleil et de lune, les autres les chargèrent de faire des expériences sur le vide ; tous sollicitèrent d'eux des renseignements sur les arts utiles. L'Académie se scindait ; les six Jésuites partaient pour les Indes, les autres membres restaient à Paris ; mais il fut convenu que, de loin comme de près, ils seraient frères par la science comme ils l'étaient déjà par la patrie et par le culte (1). »

Partie de Brest le 3 mars 1685, l'ambassade qui avait l'abbé de Choisy pour historiographe, arriva à Siam le 22 septembre suivant. Le roi de Siam reçut l'ambassade française avec les plus grands honneurs et permit aux ecclésiastiques, sans se convertir lui-même, de prêcher librement leur croyance.

Pendant que ses confrères s'avançaient vers la Chine, Tachard revint chercher en Europe de nouveaux missionnaires qui, à l'exemple de ceux de la Chine, introduiraient l'Evangile par la science des mathématiques et de l'astronomie. Il se rembarqua avec M. de Chaumont. Il fut de retour à Siam dans les premiers jours d'octobre 1687. Il amenait avec lui l'abbé de Lyonne, nommé évêque de Rosalie, deux députés, M. de la Loubère pour les affaires du roi, et M. Cebret pour celles de la Compagnie des Indes, et les Jésuites que le roi de Siam avait sollicités plutôt comme savants que comme missionnaires.

Louis XIV et le Général de la Compagnie ayant accédé à ce vœu, les PP. Le Royer, de Bèze, Thionville, Dolu, Richaud, Colusson, Bouchet, Comilh, d'Espagnac, de Saint-Martin, Le Blanc, Du Chez, Rochette et de la Breuille furent choisis dans les provinces de Paris, de Guienne, de Languedoc, de Champagne et de Lyon. Louis XIV voulut voir ces religieux réunis ; il leur dit de travailler pour la gloire de Dieu et pour l'honneur de la France. Afin de les accréditer auprès du souverain siamois, le Roi lui écrivit le 20 janvier 1687 :

« Nous nous sentons encore obligés de témoigner à

(1) Crétineau-Joly, *eodem libro*, t. V, p. 33-35.

Votre Majesté que nous avons d'autant plus agréable la demande qu'elle nous a fait faire par ses ambassadeurs et par le Père de la Chaise, notre confesseur, de douze Pères jésuites, mathématiciens français, pour les établir dans les deux villes royales de Siam et de Louvo, qu'ayant toujours éprouvé le zèle, la sagesse et la capacité de ces religieux, nous espérons que les services qu'ils rendront à Votre Majesté et à vos sujets contribueront encore beaucoup à affermir de plus en plus notre alliance royale et à unir les deux nations par le soin qu'ils auront de leur inspirer le même esprit et les mêmes connoissances. Nous les recommandons aussi à Votre Majesté comme des personnes qui nous sont chères, et pour laquelle nous avons une considération particulière (1). »

Comme il y avait fort à faire pour l'établissement de la religion chrétienne dans ce royaume de Siam, il fut décidé que Tachard qui avait appris la langue du pays accompagnerait en France les trois mandarins siamois envoyés à Louis XIV et au Souverain Pontife.

Il leur servit en effet d'interprète auprès du Roi en 1688 ainsi qu'à la Cour de Rome en 1689.

Pendant son absence, le ministre européen Constance Phaulkon avait été massacré avec sa famille. Un grand mandarin s'était emparé du trône après la mort de Phra-Chao-Xamphuòk, et avait étouffé tous les germes de civilisation introduits à Siam par ce dernier.

Le P. Tachard trouva ainsi à son retour la mission à peu près ruinée. Il se rendit, avec la plupart de ses confrères, à Pondichéry, en 1690 ; ils en furent chassés en 1693 par les Hollandais et ne purent y rentrer qu'en

(1) Crétineau-Joly, *eodem libro*, t. V, p. 35-36.

1697 par suite du traité de Riswyck qui restituait cette ville à la France.

Dans l'intervalle une mission s'était établie dans le Karnatic. Tachard résolut de pénétrer dans l'empire du Mogol ; mais il s'arrêta dans le Bengale dont il fut l'un des premiers apôtres. On voit par une lettre (1) qu'il écrivait de Chandernagor, le 18 janvier 1711, que l'âge n'avait point ralenti son zèle infatigable. Il retourna peu de temps après au Bengale où il mourut d'une maladie contagieuse dans l'exercice de ses travaux évangéliques.

On a du P. Tachard :

1° *Voyage de Siam des Pères jésuites envoyez par le Roy aux Indes et à la Chine. Avec leurs observations astronomiques, et leurs remarques de physique, de géographie, d'hydrographie et d'histoire*, Paris, A. Seneuze, 1686, in-4, avec planches.

2° *Second voyage du P. Tachard et des Jésuites envoyez par le Roy au royaume de Siam, contenant diverses remarques d'histoire, de physique, de géographie et d'astronomie*, Paris, Hortemels, 1689, in-4, avec planches.

Ces deux ouvrages (2) furent réimprimés ensemble chez P. Mortier, à Amsterdam, 1689, 2 vol. pet. in-8, ainsi que le *Journal ou suite du Voyage de Siam, en forme de lettres familières* de l'abbé de Choisy (3) qui s'y rattache.

(1) Cette lettre est insérée dans le *Recueil des lettres édifiantes*, édit. du P. de Querbeuf, t. 12.

(2) L'abbé Prévost en a donné un extrait étendu dans l'*Histoire générale des voyages*, t. XXXIII et XXXIV, édition in-12.

(3) Le *Journal* de l'abbé de Choisy parut la même année à Paris, chez S. Mabre-Cramoisy, in-4. Parmi les ouvrages qui se rapportent aux efforts des Français dans le Siam, il faut encore citer : *Du royaume de Siam*, par M. de la Loubère, envoyé extraordinaire du Roy auprès du Roy de Siam en 1687 et 1688, Paris, Coignard, 1691, 2 vol. in-12.

Dans ces relations le P. Tachard a fait avec bonne foi une description parfois exagérée des richesses de ce pays. Son style est agréable, quoique négligé, et les observations scientifiques que son voyage contient en grand nombre sont exactes (1).

Les deux lettres qui suivent sont relatives au voyage de l'ambassade siamoise à Rome. La première annonce l'arrivée prochaine de cette ambassade auprès du Pape, la seconde remercie le Cardinal secrétaire d'État de l'accueil qui a été fait à cette ambassade.

I

Cardinalis Eminentissime,

Singulari sane perfusus sum gaudio cum accepi ab Eminentissimo Cardinale d'Estrees me nullis in praesentia detineri impedimentis quin Romam versus pergerem. Nec mora, hodierna die, hujusce mensis quinta, discedo Parisiis, impetrata quatuor dumtaxat abhinc diebus itineris capessendi a Rege facultate, nec diligentiae parcam ulli quo citius ad Sanctitatis suae Eminentiaeque vestrae pedes advolare advolvique liceat. Tres omnino Mandarinos regiarum litterarum comites princeps Siamensis adhibere me jussit ; eos mecum adduco, testes scilicet futuros tum eximiae Summi Pontificis in illum principem benevolentiae, cum singularis admodum ejusdem Regis in Summum Pontificem observantiae. Earum litterarum, quandoquidem audio ab Eminentissimo Cardinale d'Estrees, Eminentiae vestrae traditum exemplar, mit-

(1) On a, sous le nom du P. Tachard, un *Dictionnaire latin-francais*, Paris, 1687, in-4, et un *Dictionnaire français-latin*, Paris, 1689, in-4, l'un et l'autre composés à l'usage du duc de Bourgogne et souvent réimprimés ; mais ces dictionnaires sont moins son ouvrage que ceux des PP. Gaudin, Bouhours et Commire. Nous voyons une édition du *Dictionnaire latin-français* publiée en 1693 à Paris chez André Pralard. Ce *Dictionnaire* fut acquis dans la suite par les Barbou qui le firent reparaître en 1727 et 1754.

tere versus non audeo, nec est quod longiori sermone Eminentiam Vestram importunus detineam.

Eminentiae Vestrae
humillimus atque
observantissimus servus
GUIDO TACHARD, Soc. Jesu.

Parisiis, die 5 novembris
1688.

Au dos : Mgr le cardinal Cibo (1).

II

Monseigneur,

J'ay receu avec un tres profond respect la lettre dont Votre Eminence m'a honoré ; j'ai cru qu'elle ne desaprouveroit pas la liberté que je prens de l'en remercier, aussi bien que de toutes les graces que j'ay receu de sa bonté. Monsieur Constance s'estimera bien honoré d'apprendre que Sa Sainteté ait bien voulu recevoir avec tant de marques d'affection et d'estime les presens dont il m'avoit chargé et je ne doute pas qu'il n'attribuë cette faveur extraordinaire aussi bien que moy aux soins obligeans que Vostre Eminence a bien voulu prendre pour les faire reüssir. Je ne manqueray pas de lui en rendre compte à mon arrivée. Je supplie cependant Vostre Eminence de me vouloir bien permettre de me dire avec tout le respect et la reconnoissance la plus respectueuse qu'il m'est possible, en lui demandant sa sainte bénédiction,

De Vostre Eminence
Monseigneur,
Le tres humble et tres
obeissant serviteur,
G. TACHARD (2), de la Comp. de Jesus.

A Brest, ce 23 février (3).

(1) *Archivio*, mscr. 27.

(2) Cf. sur le P. Tachard, *Documents d'histoire*, 3e année, n° 3, septembre 1912, p. 480-482.

(3) *Archivio*, msc. 34. — Cette lettre est probablement du 23 février 1689.

Le Tellier.

La lettre suivante de Charles-Maurice Le Tellier, fils de Maurice Le Tellier, chancelier de France et frère puîné de Louvois, archevêque de Reims, est relative au *gratis*, sollicité par lui et impatiemment attendu, des bulles qui le nommaient abbé de Saint-Remi de Reims.

A Reims, ce 29 aoust 1680.

Monseigneur,

Le courier Manciny qui arriua à St Omer le 23 du mois passé, ayant laissé à Paris entre les mains de M. l'abbé Lauri la lettre dont V. E. m'a honoré du 12 du mois de juillet, cette lettre que ledit Sr Abbé m'a adressé auec une des siennes du 24 du mesme mois, ne m'a esté rendue que depuis peu de iours, parce que j'ay touiours esté à la suite du roy dans le voyage que S. M. vient de faire. Je rends compte de ce détail à V. E. affin qu'elle connoisse ce qui m'a empesché iusques icy de luy faire mes tres humbles remerciements de la grace qu'elle m'a faite en me procurant le gratis de l'expedition des bulles de l'abbaye de St Remy de cette ville, quoyque ie ne les ay pas encore receues, ie compte [comme] si ie les auois, apres les asseurances que V. E. m'a donées de la maniere obligeante dont N[re] tres St Pere le Pape m'a accordé cette grâce, comme V. E. m'a fait celle d'estre mon médiateur aupres de Sa Sainteté pour l'obtenir. Je la supplie tres humblement de luy respondre de ma reconnoissance et de croire que i'en ay une parfaicte des bontes que V. E. a eues pour moy dans cette occasion ; elles m'engageront a estre toute ma vie auec beaucoup de respect,

Monseigneur,

De V. E. le tres humble, tres obeissant
et tres obligé seruiteur,
L'Ar. duc de Reims (1).

(1) *Archivio*, msc. 18.

Sur l'histoire du Comtat Venaissin et d'Orange.

Il nous paraît impossible d'écrire d'une manière vraiment complète l'histoire d'Avignon, du Comtat Venaissin et de la principauté d'Orange de 1677 à 1689, c'est-à-dire pendant une période très agitée de l'histoire de cette région à cause des dissentiments qui s'étaient élevés entre le Saint-Siège et la France (1), et aussi entre la Hollande, l'Angleterre et la France, sans consulter les neuf manuscrits de l'*Archivio* du cardinal Cybo qui contiennent les lettres que Niccolini et Censi, vice-légats d'Avignon, adressaient au Secrétaire d'Etat de Sa Sainteté. Il serait à coup sûr utile de les publier *in extenso*. Leur publication jetterait assurément une vive lumière sur les querelles soulevées par Louis XIV contre Rome pour mettre complètement la main sur ces contrées — et sur les procédés que le Grand Roi employait dans sa politique religieuse. Nous extrairons simplement de ces gros recueils un petit extrait d'un rapport au Vice-légat sur Orange et écrit à Orange en 1682. La principauté d'Orange, depuis 1673, avait été confisquée par Louis XIV sur Guillaume d'Orange, stathouder de Hollande, puis roi d'Angleterre, et devait être adjugée, comme usufruit, au prince de Conti.

D'Orange, le 12e Aoust 1682.

Mr Morant, intendant de justice en Prouence, qui est arriué ce jourd'huy a faict sçauoir à nos consuls que le Roy

(1) Pour ce qui regarde Avignon et le Comtat Venaissin à cette époque, P. Charpenne ne dit rien dans son *Histoire des réunions temporaires d'Avignon et du Comtat Venaissin à la France*, Paris, Calmann-Lévy, 1886.

ayant faict un edict par lequel il ordonnoit à tous ses sujets huguenots estudians a notre college d'en desister et de sortir de cette ville et principauté, Sa Maiesté vouloit que son édict fut publié et affiché par le crieur publiq par tous les carrefours d'Orange, affin qu'un chacun fût en estat d'y obéir ; au sujet de quoy nos consuls ayans mandé incontinent le conseil publiq, on y delibera sans discrepance de se conformer aux intentions de Sa Majesté suiuant lesquelles l'edit fut publié et affiché par notre crieur ordinaire. Les escholiers sujects du Roy, dont M. l'intendant se fit expedier un roolle, ont commancé de se rettirer au mesme jour.

Le chapitre harangua M. l'intendant et dans sa harangue il le pria de uouloir l'aider pour le faire descharger d'une contribution de seize cents liures qu'il fait aux huguenots pour l'entretien de leurs ministres, outre celle de huit cents livres que M. l'Euesque leur paye tous les ans ; on luy a donné cette demande par escrit qu'il s'est chargé de rapporter au Roy, ainsy que celle d'un des curés de vouloir procurer qu'on rende aux catholiques une ancienne église de St Martin que les huguenost leur usurpèrent dans leur derniere guerre et qui sert à présent d'un de leurs presches.

Le parlement qui est partagé des catholiques et des huguenost, fut le voir en corps et le complimenta par la bouche du doyen qui est huguenot, qui finit son discours par des protestations préseruatiues de l'authorité de M. le Prince d'Orange, M. l'Intendant s'en scandaliza et le coupa pour dire qu'il s'etoit attendu à une ciuilité, mais non pas a un exploict, qu'il en enuerroit la copie au Roi si on vouloit la luy donner, mais qu'à son deffaut il auoit la memoire assez heureuse pour sçauoir le luy rapporter fidelement ; ensuitte de quoy il tourna le dos au parlement sans aduancer un pas pour l'accompagner ; il partit ce mesme jour pour se rendre à Grignan.

Le x4[e] M. le marquis de Montanegres, un des Lieutenans du Roy en sa prouince du Languedoc ayant passé sur les huit heures du matin aux faubourgs de cette ville auec une compagnie de douze de ses gardes, il reuint ensuitte sur les deux heures apres midy et entra dans la ville à la queue de ses gardes, suiui de huit compagnies d'un régiment de dragons commandé par M[r] le marquis de la Lande composé de trois cens et quelques hommes portant une bayonnette dans la bouche de leurs fusils, et d'un équipage de trente cheuaux ou mulets ; ils furent camper dans la place du cirque où ils mirent pied à terre, tenans leurs cheuaux en mains. Mr de Montanegres se rettira auec les principaux officiers dans un des cabarets du fauxbourg gardé par un détachement de trente dragons au dehors et de ses gardes au dedans.

Le regiment fut campé depuis deux heures apres midy jusques a dix auec la pluye sur le dos, dans l'attente des billettes de logement. Pour lors on n'entendit dans cette nuict que pleurs et gemissemens des habitans qui estoient opprimes par les dragons qui saignoient leur bourse et fatiguoient leurs corps à discretion.

Mr de Montanegres a receu les ciuilités de M. l'Euesque et du Chapitre, mais le Parlement reffuse de le uoir en corps ; chacun des conseillers pourtant l'a uisité en particulier ainsi que toutes les personnes de qualité.

Les dragons, à leur passage dans le Comtat Venaissin, ont esté rigoureusement obserués par leurs officiers, jusque la mesme qu'un d'eux refusant de payer quelque peu de vin qu'un hoste luy auoit fourni, son officier le chargea de sa canne très rudement, et le força de donner à l'hoste un demy escu.

Le x5 nos habitans ont eté pressés plus qu'ils ne furent hier par leurs dragons jusques à quatre heures apres midy que la ville a composé pour leur entretien auec leurs officiers, moyennant une certaine somme qu'elle leur paye approchante celle de deux mille liures par jour ; aduant ce traitté, un dragon qui s'estoit soulé, blessa un des curés de sa paroisse légèrement sur le uisage. Mr l'Euesque qui se trouua dans une maison proche, estant accouru au bruit d'une femme, et ayant voulu reprimer le soldat, celluy cy tiroit son sabre contre luy, lors qu'il fut saisi par des personnes qui auoient suiui ; le soldat fut conduit dans les prisons ou il est estroittement gardé ; on n'a pas uoulu assembler le conseil de guerre pour le juger parce qu'on preuoit de le deuoir condamner à mort, et c'est ce qu'on n'a pas voulu pour ne pas désobliger Mr l'Euesque qui s'intéresse pour sa grâce, mais aussi on n'a pas voulu se dispenser à moins, pour ne s'attirer la colere du Roy, et pour esuiter l'un et l'autre des deux inconueniens, on a renuoyé l'euenement au jugement de Sa Maiesté.

Mr de Montanegres qui a reçu un courrier de la cour, a trauaillé tout ce jour à la depesche sans le manifester à personne.

Le x5 ce matin Mr de Montanegres ayant mandé les consuls pour leur dire que la volonté du Roy est qu'on abbatte jusques aux fondemens, non seulement les nouuelles murailles qui ont attiré sa colère, mais uniuersellement toutes celles qui enferment la ville.

On a commencé à midy de trauailler par les modernes et dans ce mesme temps le parlement qui auoit reffusé jusques icy de le voir, est venu suiui des consuls en chaperon pour luy demander infructueusement un sursoy à l'esgard des anciens murs, le priant tres humblement de vouloir l'aider pour attirer à cette pauure ville les effects de la misericorde et de la clemence du Roy.

Les habitans s'empresserent d'aller trauailler à la démolition surtout depuis que Mr de Montanegres s'est expliqué que les dragons partiront le jour d'après qu'elle seroit acheuée, ils sont aidés de ceux des autres lieux de la principauté qu'ils ont appellés à leur secours, en manière que dans ce jour non seulement la nouuelle muraille a esté détruite, mais on a commencé de trauailler aux anciennes.

Du 20e. — On est assez paisiblement icy depuis qu'on a composé auec les officiers de dragons ; il y a pres de quinze cents hommes qui trauaillent à l'abbattement de nos murailles, et on espere qu'elles seront acheuées aduant deux jours.

Monsr Aspremont, un des gardes de Mgr le vice-legat, qui alla au deuant des troupes à leur entrée dans ce comté, et celluy qui est à présent destiné à la garde du terroir de Camaret(1), a rapporté que les troupes auoient agi auec toute la rettenuë possible dans l'estendue du Comté et que le major du regiment laissa couler une piece de trente sols dans un plat de poire[s] qu'on luy offrit à Piollenc(2) dont néanmoins

(1) Camaret, auj. arrondissement et canton d'Orange (Vaucluse), 1 633 hab.

(2) Piolenc, auj. arrondissement et canton d'Orange (Vaucluse), 1 596 hab.

il ne prit qu'une seule ; tous les officiers tesmoignent tous les esgards qu'on sçauroit desirer pour le St Siege et pour la personne de Mgr le Vice légat.

Ce rapport accompagne une lettre de Mgr Nicollini, vice-légat d'Avignon.

CHARTRES. — IMPRIMERIE DURAND, RUE FULBERT.

www.ingramcontent.com/pod-product-compliance
Ingram Content Group UK Ltd.
Pitfield, Milton Keynes, MK11 3LW, UK
UKHW021122220726
13924UKWH00004B/1866